気ままに警備保障論 4

田中 智仁 著

現代図書

まえがき

本書は、警備業界の全国専門紙『警備新報』に月一～二回のペースで連載しているコラム「気ままに警備保障論」の単行本第四巻である。

連載が始まったのは、二〇一二年一一月であった。二〇二二年一一月現在も連載は継続中であり、いつの間にか、一〇年以上も続く長期連載になっている。まずもって、本連載を愛読してくださる読者に、この場を借りて厚く御礼申し上げる。

なお、連載の第1回から第40回（二〇一五年六月掲載）までは第一巻の『気ままに警備保障論』（二〇一五年一一月発刊）、第41回（二〇一五年七月掲載）から第80回（二〇一七年一一月掲載）までは第二巻の『気ままに警備保障論2』（二〇一八年六月発刊）、第81回（二〇一七年一二月掲載）から第120回（二〇二〇年六月掲載）までは第三巻の『気ままに警備保障論3』（二〇二一年九月発刊）に収録したので、興味があればご一読いただきたい。

この第四巻には、二〇二〇年六月掲載の第121回から、二〇二二年五月掲載の第160回までを収録している。ただし、連載の原稿は掲載の約二ヶ月前に書き上げているので、実質的には二〇二〇年四月から二〇二二年三月にかけて執筆した原稿である。この時期は、時代の転換期と言ってもよいだろう。

なぜなら、日本国内に新型コロナウイルス（COVID-19）の感染拡大の波が次々と到来した時期だからだ。第121回の原稿を執筆していた時期は、第一波がピークに達し、日本中が緊張感と不安感に包まれていた。そして、第160回の原稿は、第六波がピークアウトし、次の第七波の到来が予測されていた時期に執筆した。そのため、コロナウイルス禍の社会的影響に鑑み、在宅勤務の普及による「押印文化」の見直しや、「新しい生活様式」を問う原稿も本書に含まれている。

一方で、本書の内容を概観すると、コロナウイルス禍との関連性が低い原稿も多いことに気づかれるだろう。コロナウイルス禍の影響が及び始めたのは、第三巻に収録されている第117回以降であったが、その際に筆者は「あえてコロナウイルス禍の状況にこだわらず、別の話題を取り上げる」と決めた。その理由は二つある。

一つ目は、第三巻の「まえがき」でも記述した通り、日々のニュースが感染状況の話題で一色になっているからこそ、毛色の違う話題を取り上げた方が読者の気分転換になるだろうし、先行きが不透明な状況では迂闊なことは言えないと判断したからである。本連載は、紙面の主菜ではなく、箸休めの副菜として、気ままに楽しんでもらいたいとの願いを込めているので、あえて緊急性の低いネタを選んだ。

二つ目は、原稿を量産する必要に迫られたからである。コロナウイルス禍で多くのイベントが中止に追い込まれ、雑踏警備を中心に警備員の活躍を報じる記事が激減した。また、警備業協会や警備業関連団体の会議なども中止や延期が相次ぎ、業界紙は記事のネタ不足に苦しむ状態が続いた。そこで、紙幅を埋めるために、書き溜めていた脱稿済みの連載原稿を矢継ぎ早に掲載することになった。

しかし、感染状況がピークアウトして、記事のネタが増加すれば、量産した連載原稿は予備に回されることになる。当然ながら、予備原稿の掲載時期は未定である。そのため、速報性の高いテーマを扱うのが難しくなった。そのような事情から、「いつでも出せる、当たり障りのないテーマ」を意識しながら、原稿を量産していた時期もあったのだ。

この時期は新聞社としては苦難であったと思うが、筆者はむしろ、この状況を楽しんでいた。なぜなら、「いつでも出せる、当たり障りのないテーマ」こそが、箸休めの副菜である「気ままに警備保障論」の真骨頂だと思ったからだ。

おそらく、速報性の高い記事や、緊急性の高い提言を求める読者もいただろうが、それは記者や論説委員が執筆すべきであり、学者が「気まま」に論じるのは、その逆で構わないという思いもあった。というわけで、読者の皆様には「警備業を学ぶ」といった堅苦しい意識を捨て、肩の力を抜いて本書を読んでもらえれば幸いである。

なお、本書の方針は前巻までと同じく、掲載当時の情報は基本的に更新せず、あえて掲載当時のままにしている。ただし、大阪女子大生殺害事件を扱った第141回は、掲載後の続報で当初とは異なる事実が明らかにされたこと、さらに当事者の名誉を毀損しかねない記述が含まれていたことを自省し、大幅に加筆修正を施した。

また、単行本では警備業とは無関係の読者も多くなるので、業界用語や略語などに詳しい説明を加筆するなど、随所に修正を施した。そのため、掲載当時と文面が違う箇所があることをご了承いただきたい。図表については、より詳細な図版へ差替えたり、不要と判断したものを削除した。これらの加筆修正の方針は、前巻までと同じである。

最後に、平素からお世話になっている警備保障新聞新社の岩崎和彦代表取締役社長、田中純一編集局長と中川芳明編集長、そして出版を引き受けてくれた現代図書の飛山恭子様に、この場を借りて御礼を申し上げたい。

二〇二二年一一月吉日

田中　智仁

目次

第121回 「ピカピカ光る」は通じるか？……擬声語

（二〇二〇年六月二五日　第二五三号掲載）

唐突だが、読者の皆様にクイズを出題しよう。次の四つの中から、「犬の鳴き声」を一つだけ選んでほしい。

①ニャー
②ヒヒーン
③ビヨ
④ブー

「ん？　全部違うじゃないか」と思われるだろうが、ちゃんと正解が含まれている。一般的に犬の鳴き声は「ワン」、小型犬であれば「キャン」などと表現される。しかし、これらは「現代の日本」で通用している表現であり、他の時代や国・地域でも通用するとは限らない。

また、現代の日本でも、言葉が通じないことはよくある。その代表格は方言である。例えば、東北地方には「いずい」という方言があり、「しっくりこない、居心地が悪い」といった感覚を表す言葉として多用されている。

筆者は仙台在住だが、東京出身なので「いずい」の意味がわからず、しばらく誤解していた（なんとなく、「恥ずかしい」という感情を表す言葉だと思っていた）。それでも、方言は「どうせ他の地域の人には通じない」と予想できるので、はじめから標準語に言い換えておけば会話はできる。

一方で、「犬の鳴き声」には標準語がない。おそらく、「ワン」や「キャン」の言い換えを考えたことがある人は、少数派であろう。犬の鳴き声を翻訳する「バウリンガル」も、感情の違いを分析することはできるようだが、鳴き声の標準語を教えてくれるものではない。

ちなみに、「バウリンガル」の「バウ」は、英語およびイタリア語の犬の鳴き声である。日本では犬のことを「ワンちゃん」と言うこともあるが、諸外国では「ワン＝犬」と認識されていないので、「私はワンちゃんを二匹飼っています」などと言っても通じない可能性がある。

このような例は犬の鳴き声にとどまらない。例えば、「鶏の鳴き声」の場合、日本語では「コケコッコー」であるのに対し、英語では「クックドゥードゥルドゥー」と表現されることは有名だ。こうした違いを知らないと、意外なところで誤解を招いたり、意思疎通ができないことがある。動物に関する会話であれば大きな問題はないだろうが、緊急性の高い会話になると厄介だ。

よくあるのは、海外旅行で体調不良になり、病院で自分の症状を医師に伝えられない事態である。日本では「頭がズキズキする」や「胃がキリキリする」で通じるが、「ズキズキ」や「キリキリ」が現地の医師に伝わらないのだ。

これらは擬声語と言われ、特定の時代や地域の人々の感覚で表現が変わる。黒電話を常用していた世代なら「リンリン」で電話の着信音だと理解できるが、現在のスマートフォン（以下、「スマホ」）に慣れた世代はどうだろう。「ピコン」「ピロリン」など、様々な着信音があるので、イメージを統一するのは困難だ。

擬声語は、擬音語と擬態語に分けられる。動物の鳴き声や電話の呼び出し音は擬音語、「花びらがヒラヒラ舞う」や「看板がピカピカ光る」は擬態語である。いずれも修飾語なので、「ヒラヒラ」や「ピカピカ」がなくても、「花びらが舞う」や「看板が光る」で意味は通じる。

また、擬声語が名詞になっている場合もある。例えば、電話の受話器を勢いよく戻す「ガチャ切り」は「ガチャン」という音と「切る」を合わせた言葉だ。これも、現在の学生の世代（いわゆる「Z世代」）は固定電話を使い慣れていないため、「ガチャ切り」の意味がわからない人が多い。

それでは、なぜ本連載で擬声語を話題にするのか。その狙いは、警備員が日常的に行っている広報や道案内などで、無意識のうちに擬声語を使ってしまい、相手に意図が充分に伝わっていない可能性があると考えたからだ。

特に、訪日外国人へ向けた広報や道案内で、「あそこのピカピカ光る看板を目印に」などと説明しても、「ピカピカ」の意味が分からずに、かえって混乱させてしまうかもしれない。スマホの翻訳アプリでも、擬声語は翻訳不能になる可能性が高いので要注意だ。

そもそも、擬声語は辞書に載りにくい。その理由について、日本語学者の山口仲美は、①日本人なら辞書を引かなくても意味がわかる、②いささか品に欠ける言葉なので辞書に載せるのが憚られる、という二点を挙げている（『犬は「びよ」と鳴いていた』光文社新書、二〇〇二年、九九頁）。

そのため、日本語能力が高い留学生でも、擬声語の理解に苦労するようだ。ということは、短期間の観光で訪日した外国人が、擬声語を理解できる可能性は極めて低いだろう。外国人との会話では、「正しい発音」よりも「擬声語を使わない」ことの方が重要なのかもしれない。

もう一つ気掛かりなのは、外国人を警備員として雇用する場合である。現在、日本で警備員として働いている外国人は少数だが、今後も警備員不足が深刻化すれば、外国人労働者の受入れを拡充し、人員補充することもあり得る。そこで困るのは警備員教育である。

例えば、交通誘導警備の教本には、**表121**のように「ピッ」や「ピピー」といった擬声語で警笛の吹き方を説明している。実際に音を聞けば理解できるだろうが、教本の文字だけでは伝わらないと思われる。

また、現場でも「ジロジロ見るな」や「キョロキョロするな」などの指導があるだろうが、これらも擬声語である。労災防止の「ヒヤリハット」に至っては、「ヒヤリとする」と「ハッとする」を組み合わせた「謎の単語」となっている。

　このように例を挙げはじめると枚挙に暇がない。とりあえず、今回は「擬声語は難しい」ということに気づいてもらえれば御の字である。

　なお、冒頭のクイズの正解は、引用した山口仲美の書名にある通り「③ビヨ」だ。ちなみに、「ビヨ」は野犬の遠吠えの声だが、飼犬は遠吠えしないから「ワン」と聞こえるらしい。生活環境によって犬の鳴き声も変化し、それによって表記も変化するというから、擬声語は奥が深い。

合図	吹鳴音	要領
停止	ピーピッ.	腕の動作に合わせて長音（約３秒間）を吹鳴する。
進行	ピッ. 又はピーッ.	腕の動作に合わせて（手旗、誘導灯では約0.5 秒、大旗では約 1 秒間）吹鳴する。
徐行	ピッ. ピッ. ピッ.	手首の振りに合わせて短音（約 0.5 秒）を等間隔で繰り返し吹鳴する。（手旗、誘導灯の場合）
	ピーッ. ピーッ.	腕の動作に合わせて短音（約 1 秒間）を等間隔で繰り返し吹鳴する。（大旗の場合）
後進	ピピー. ピピー	腕の動作に合わせて短音と長音の組み合わせを等間隔で繰り返し、吹鳴する。

●表 121：警笛の擬声語

出典：（一社）全国警備業協会『交通誘導警備業務の手引』2008 年、55 頁

第122回　警備業界の〝警備保障〟離れ？……社名の由来

（二〇一〇年七月五日　第二五四号掲載）

前回は擬声語に注目し、警備員が広報や道案内などで擬声語を使うことで、意図が充分に伝わらない可能性があると指摘した。その前提として、日本語学者の山口仲美の研究を紹介し、昔は犬の鳴き声が「ビヨ」だったと説明したが、他にも注目したい指摘がある。

山口によれば、日本人は可愛いものに「こ」をつけたがるという。その典型例は「ねこ」である。漢字一文字で「猫」と表記されるが、すでに『源氏物語』の時代には「ねこ」と発音されていたようだ（『犬は「びよ」と鳴いていた』光文社新書、二〇〇二年、一五二頁）。

昔の日本人には猫の鳴き声が「ねー」と聞こえていたようで、「ねーと鳴く可愛い生き物」という意味で「ねこ」になったらしい。同じように、「ひよひよ」と鳴く鶏の雛を「ひよこ」、「べー」と鳴く牛を「べこ」と呼んでいる。

可愛いものに「こ」をつける精神性は、現代にも引き継がれている。だから、現代の日本人も猫のことを「にゃんこ」、犬のことを「わんこ」と呼ぶ。また、「姪、甥」が続柄の正しい表記なのに、わざわざ「めいっこ、おいっこ」と言うこともある。

さらに、北海道産の馬や名産品を「どさんこ」、横浜出身者を「はまっこ」と言うように、地元への愛着で「こ」がつく例もある。多くの場合、「地元で愛情を込めて大切に育てた」という意識が「こ」に反映されているのではないかと考えられる。

そして、忘れてはならないのは、女性の名前に「こ」をつける慣習である。「恵子」「順子」「美智子」など、漢字の「子」がつく名前が定着していた。むしろ、定着しすぎたがゆえに、「小野妹子」を女性だと勘違いするくらい、「子＝女性」のイメージが強い。

しかし、近年は「葵」「心花」「結菜」などの名前に人気があり、「子」がつく女児は稀少になった。大学生の名簿でも「子」がつく名前は珍しいので、すでに二〇年前（現在の大学生が生まれた頃）には「名前の〝子〟離れ」は起きていた。

そこで紹介したい研究がある。社会学者の金原克範が一九九五年に出版した『〝子〟のつく名前の女の子は頭がいい』（洋泉社、新書版は二〇〇一年刊行）である。金原は、名前には親の価値観や家庭環境が反映されることに注目し、高校受験生の名前を調査した。

一九九〇年代前半には、新生女児で「子」がつく名前は五％程度まで減少していたが、高校受験生では約四〇％が「子」がつく名前だった。そこで、高校ごとの合格者名を調べてみると、入試水準によって「子」がつく名前の割合に大きな差があることが明らかになった。

図122の「1992年」の通り、入試水準が高い高校（A高）では「子」がつく名前（CNrate）が多く、入試水準が低い高校（J高）では少なかったのである。しかし、一九六五年の時点では、そのような傾向は示されていない。どういうことだろうか。

一九六五年当時は、「子」がつく名前は一般的で、親の価値観や家庭環境を反映する指標ではなかった。それが、「子」がつく名前が減少しつつあった一九九二年になると、保守的で教育熱心な家庭に「子」が多く、そうではない家庭に「子」が少ないという傾向が表れたのだ。

言いかえれば、娘の名前に「子」をつける親は学力を重視する傾向があり、一方で、奇をてらった名前をつける親は学力を重視しない傾向があるということだ。「名は体を表す」と言われるが、同じように「名は家庭環境を表す」ということである。

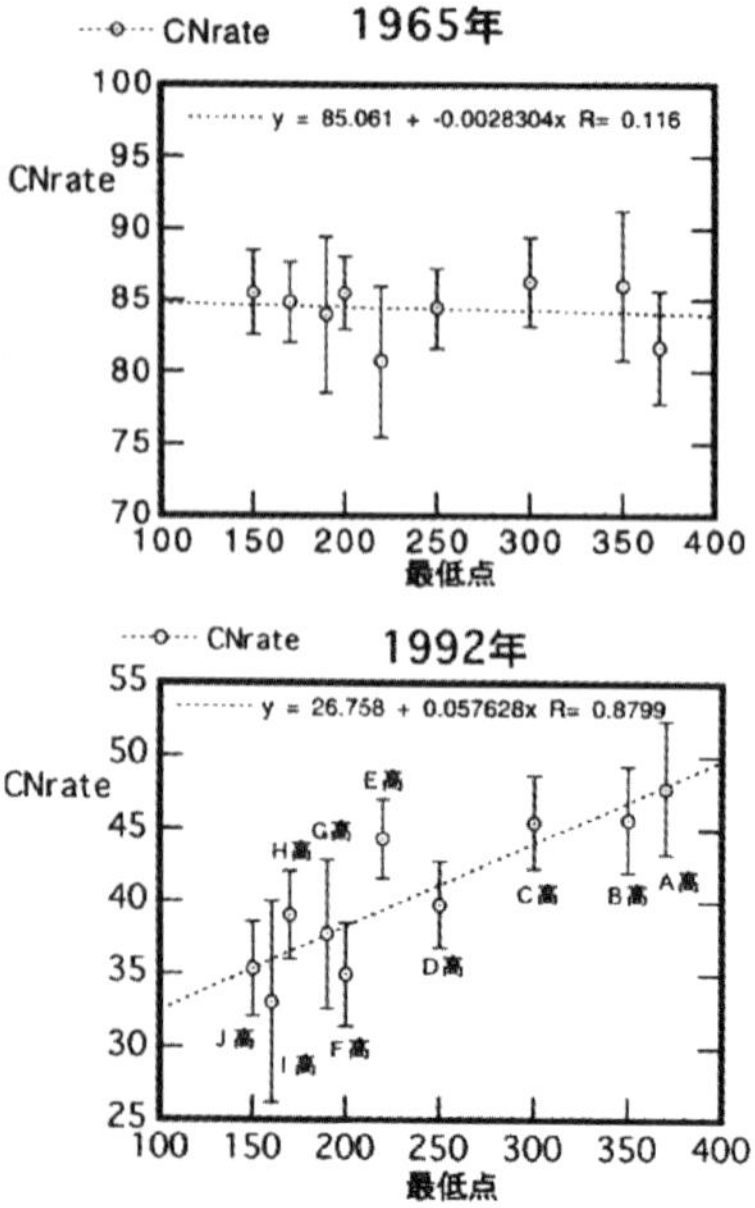

●図122：高校入試水準と「子」がつく合格者の比率

出典：金原克範『子のつく名前の女の子は頭がいい』洋泉社、2001年、70-71頁

当然ながら、高校の入試水準だけで人物評価をすべきではないし、この傾向にあてはまらない例もある。ましてや、名前により人間を差別する意図はないと、金原も述べている。恵まれない家庭に生まれながら出世する人もいれば、その逆もしかりである。

それでは、なぜ本連載で名前の話題を出したのか。その理由は、社名に「警備」または「警備保障」がつく警備業者が徐々に減少しているのではないか、と考えたからである。

かつての大手二社は「日本警備保障」と「綜合警備保障」であったが、前者は「セコム」になった。後者は社名を維持しているが、「ALSOK」のブランド名を前面に出しているし、関連会社もブランド名を付した社名へ変更が続いている。

もちろん、社名を決めるのは各社の自由だ。それに、一時期のように「東洋警備保障」や「国際警備保障」などが乱立し、他社なのに同一企業だと誤解されるような事態は望ましくない。「警備業界の〝警備〟または〝警備保障〟離れ」が進んだとしても、実直に営業していれば問題はない。

一方で、本間之英著『社名の由来』（講談社、二〇〇二年）などを読んでいると、各警備業者が自社の名前にどのような思いを込めているのか、率直に気になる。傍から見て警備業者だとわからない社名でも、経営者の理念が表現されていることだろう。

「警備業とは何か」。そんな難しいテーマに向き合うとき、「そもそも、なぜ、その社名なのですか？」という些細な問いから、議論が始まるのかもしれない。雑談でも構わないので、筆者に貴社の社名の由来を教えてもらいたい。

※山口は猫を「ねーと鳴く可愛い生き物」と解釈していますが、猫が可愛がられる存在ではなく、忌み嫌われる存在であったことを明らかにした研究もあります。例えば、歴史学者の真辺将之は、猫は化ける・祟ると恐れられ、江戸時代には猫に良いイメージを持っていない人が多かったと述べています。そのため、「猫ばば」「猫に鰹節」「猫撫で声」「猫に小判」など、江戸時代から存在する猫に関する言葉にマイナスイメージのものが多いようです。猫の需要も、愛玩用ではなくネズミ捕獲用であり、特にペストが蔓延した時期に猫の飼育が推奨されました。猫が愛玩用に飼育されるようになったのは一九七〇年代以降です（『猫が歩いた近現代』吉川弘文館、二〇二一年）。本連載では、単行本第二巻に収録した第49回（「警備業のイメージ戦略…3Bの法則」）と、第三巻に収録した第96回（「「かわいい」と「獣害」は紙一重…動物愛護の難しさ」）でも言及していますので、興味があればご一読ください。

第123回　市区町村から宇宙まで？……社名の系

（二〇二〇年七月一五日・二五日合併号　第二五五号掲載）

前回は「子」がつく女性の名前の研究から話題を展開して、「警備保障」がつく社名が減少しているのではないかと述べた。今回も社名に注目して、社名の系（まとまり）を考えてみたい。

とはいえ、警備業者は全国に約一万社もあるので、厳密に類型化すると膨大な作業量になる。しかも、「セキュリティ」や「ガード」などの横文字や、ビルメンテナンス業者に多い「サービス」や「管財」など、名称が多岐にわたるので、複雑な分類になってしまう。

そこで、「警備」または「警備保障」を含む社名に限定し、「家名の系」、「時代の系」、「地理の系」に整理してみたい。なお、実在の社名をいくつか挙げるが、あくまで例示である。社名の優劣を批評したり、各社を格付けする意図は一切ないことを断言する。

まず、シンプルな系は「家名の系」だ。例えば、中島社長の「中島警備保障」（東京都足立区）や谷尾社長の「谷尾警備保障」（鹿児島県出水郡）がある。さらに、「山下警備」（北海道札幌市）と「山下警備保障」（鹿児島県鹿屋市）も山下社長である。

ただし、各都道府県警備業協会の会員名簿（加盟企業一覧）を概観する限り、経営者の家名を社名にしている警備業者は少ない。中小規模の警備業者であっても、個人商店の屋号とは勝手が違うようだ。

それならば、「時代の系」はどうか。古代から現代までの時代区分で探してみた。しかし、「近代警備保障」（大阪府大阪市）と「現代警備」（京都府京都市）はあるが、「古代警備」や「中世警備」は見つからなかった。これでは、「系を成している」とは言えないだろう。

続いて、年号で調べてみると、「明治警備」（神奈川県横浜市）や「明治警備保障」（東京都足立区）、「昭和総合警備保障」（山梨県甲府市）や「昭和警備保全」（東京都杉並区）、「平成警備」（広島県広島市）や「平成警備保障」（徳島県徳島市）がある。そして、二〇一九年（令和元年）に東京都小平市で「令和警備保障」が創業している。

しかし、「大正警備保障」が見つからない。「タイショウ警備保障」（東京都江東区）を含めれば、明治から令和までの「年号系」が揃うのだが、カタカナなのが惜しい。また、明治以前の年号になると、意味が異なる可能性もある。例えば、一一二〇年から一一二四年までの年号は「保安（ほうあん）」だが、「保安警備」（福岡県北九州市）や「保安警備保障」（北海道札幌市ほか複数あり）は、おそらく年号にちなんだ社名ではなく、「安全を保障する」の意味であろう。「時代の系」は、警備業界では主流ではないようだ。

一方で、たくさん出てくるのは「地理の系」である。ここでは、地理的に範囲が狭いものから広いものへ展開していこう。

一つ目は「市区町村系」だ。「天草警備保障社」（熊本県天草市）、「村上警備保障」（新潟県村上市）、「甲府警備保障」（山梨県甲府市）など、市区町村名を含む社名は各地にある。

ちなみに、「舞鶴警備保障」は福岡県の警備業者であり、京都府舞鶴市ではない。

二つ目は「エリア系」だ。都道府県内の地域の呼称が社名になっているもので、「洛南警備保障」（京都市南部）、「南紀警備保障」（和歌山県南部）、「津軽警備保障」（青森県西部）などがある。

三つ目は「都道府県系」だ。北は「北海道警備保障」（旭川市）から南は「沖縄警備保障」（浦添市）まで、都道府県名を含む警備業者は多い。「愛媛県警備保障」（今治市）は、わざわざ「県」の文字が入っている。

また、現在の都道府県名ではなく、「藩・旧国名系」もある。「出羽警備」（秋田県秋田市）、「加賀警備保障」（石川県小松市）、「常陸警備保障」（茨城県那珂郡および千葉県市川市）、「信濃警備保障」（長野県諏訪郡）や「しなの警備保障」（長野県長野市）、「琉球警備保障」（沖縄県浦添市）などが典型例だ。さらに、「奥羽警備保障」（山形県山形市）や「常総警備保障」（茨城県つくば市）も旧地方名である。

四つ目は「ブロック系」だ。複数の都道府県をまたぐ広域地方名を含むもので、「関東警備保

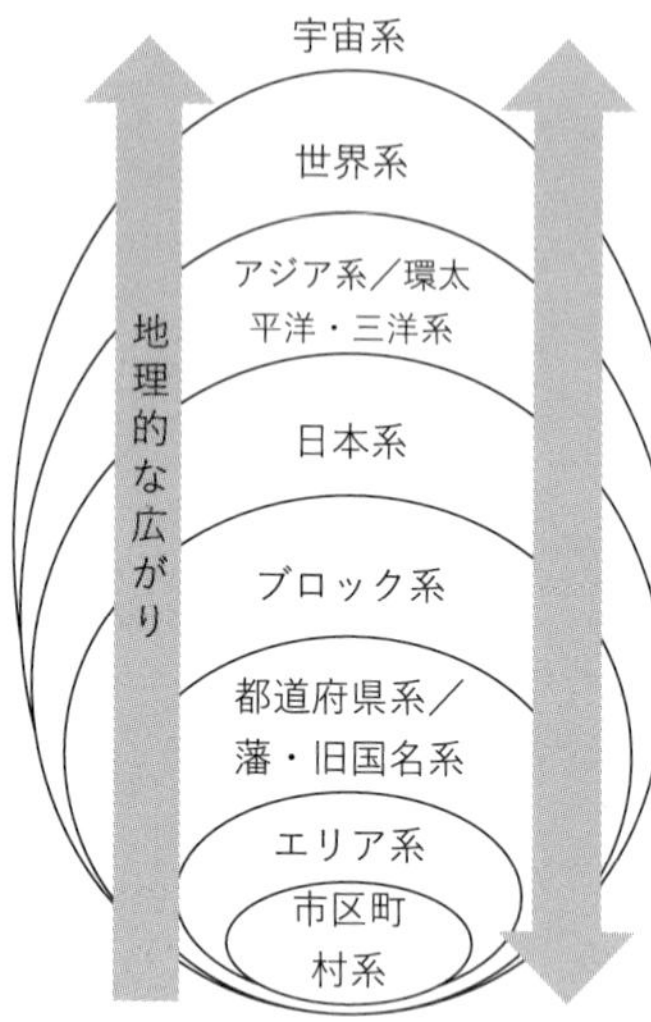

●図 123：社名の地理的な広がり
出典：筆者作成

障」（東京都大田区）、「近畿警備保障」（岡山県岡山市）、「東海警備保障」（愛知県名古屋市など、神奈川県横浜市にもある）、「山陰警備保障」（鳥取県鳥取市）、「四国警備保障」（香川県高松市）などがある。なお、「中国警備保障」（山口県岩国市）は二〇二〇年五月に「ＣＧＳコーポレーション」へ社名変更している。

五つ目は「日本系」だ。「新日本警備保障」（全国に複数あり）や「日本総合警備保障」（「綜合」も含め全国に複数あり）など、社名に「日本」を含む警備業者は多い。セコムの旧社名も「日本警備保障」だ。また、「全国警備保障」（全国に複数あり）もあれば、日本の古称である「大和警備保障」（全国に複数あり）もある。

六つ目は「アジア系」だ。「亜細亜警備保障」（全国に複数あり）、「東亜警備保障」（全国に複数あり）、「東洋警備保障」（全国に複数あり）はすべてアジアを意味する。なお、セノンの旧社名は「極東警備保障」だが、現在も同名の関連企業がある。さらに、「オリエンタル警備保障」もセノンの関連企業である。

また、アジアよりも広域な「環太平洋系」もあり、「パシフィック警備」（広島県広島市）や「太平洋警備保障」（東京都荒川区および愛知県豊橋市）が挙げられる。さらに、太平洋・大西洋・インド洋の総称が「三洋」なので、「三洋警備保障」（全国に複数あり）は環太平洋系よりも範囲が広い。ちなみに、大分県大分市の「パシフィックセキュリティ」は、二〇一〇年に「東洋警備保障」から社名変更している。名称としては「アジア系」から「環太平洋系」への展開である。

七つ目は「世界系」だ。「国際警備保障」（「国際警備」も含め全国に複数あり）だけではなく、「アース警備保障」（東京都府中市および宮城県気仙沼市）、「ワールド警備保障」（全国に複数あり、宮城県仙台市の「ワールド警備保障」は二〇二一年に「CSP東北」へ社名変更）、「グローバル警備保障」（全国に複数あり）といった「地球」や「世界」を表す横文字の社名もある。

以上の七つで全世界を網羅したわけだが、地球上にとどまらない「宇宙系」の社名もある。例えば、「銀河警備保障」（福島県会津若松市）、「北斗警備」（北海道旭川市）、「北斗警備保障」（全国に複数あり）、「新北斗警備保障」（東京都文京区）などが挙げられる。「コスモ警備」（宮城県仙台市）や「コスモ警備保障」（大阪府大阪市）の「コスモ」も、ラテン語で「宇宙」である。

このように、「地理の系」は市区町村から宇宙までの広がりがあるのだ。一口に「警備業者」と言っても、地元を大切にする業者もあれば、世界や宇宙へ視野を広げている業者もある。社名は千差万別だからこそ、経営者がどのような想いを込めているのか、ぜひ聞いてみたい。

第124回　豪雨災害とＢＣＰ……地名の由来

（二〇二〇年八月五日　第二五六号掲載）

今回の原稿は、「令和二年七月豪雨」の時期に執筆したものだ。九州を中心とした甚大な被害に心を痛めながら、現地の警備業関係者の無事を祈念している。この「無事」には、生命・身体の安否だけではなく、「事業を継続できるように」との願いも込められている。

おそらく、筆者に言われるまでもなく、災害に備えてＢＣＰ（事業継続計画）を策定している警備業者も多いだろう。その中には、本社が被災しても支社や営業所で本社機能を補えるように、「拠点の分散化」を図っているケースもあるのではないか。

しかし、いくら分散化したところで、すべての拠点が機能不全に陥ったら、事業継続は困難になる。警備業は被災地の安全確保や、復旧工事の進展に欠かせない業種である。そのため、被災する危険性が低い場所を探して、そこに拠点を設けるという発想も重要だ。

現在は「ハザードマップ」の整備も進んでいるが、科学が発展する以前から、先祖は危険な場所を知らせてくれている。それが「地名」である。例えば、楠原佑介著『この地名が危ない』（幻冬舎、二〇一一年）など、同様の文献が数多く出版されている。

地名の研究で共通して指摘されているのは、市町村合併や宅地開発によって地名が改変され、危険な場所が見分けられなくなってきたということだ。そのため、転居などの際に、古地図を調べて旧地名を確認する人もいる。

ところが、地図に詳しい今尾恵介は、地名の由来を考え始めると、際限なく妄想が広がってしまうと述べる。当て字もあれば、役場の係員の誤記によって意味がわからなくなった地名もあるようだ（『地名の社会学』角川書店、二〇〇八年）。

例えば、令和二年七月豪雨の被災地であり、JR肥薩線の駅名にもなっている熊本県人吉市の「大畑（オコバ）」について、今尾は次のように解説している。まず、「コバ」（畑）は焼き畑を表す地名であり、「オコバ」は戦国時代まで「小畑」と表記されていた。

にもかかわらず、なぜ「オコバ」という読みを残したまま、表記だけが「小畑」から「大畑」へ変更されたのか。今尾は、近くを流れる「大川間（オコマ）川」（球磨川の支流）の「大」の字を転訛して「大畑」になったと推測するが、理由は定かではない。

また、焼き畑を表す地名には「反町」もある。全国的には「ソリマチ」と読み、人吉市の「大畑」と同じ意味になる。「反」には「元へ戻す」という意味があり、焼き畑によって収穫後の畑を元へ戻し、農業を続けていくというローテーションを表す。

しかし、東急東横線の駅名にもなっている神奈川県横浜市の「反町」だけは、全国で唯一「タンマチ」と読む。この謎について、民俗学者の柳田國男は「反をソリと言うことが俚人《りじん》に耳遠いためにこうした読み方は起ったのであろう」と推測している（『地名の研究』古今書院、一九三六年、二四二頁）。

すなわち、「大畑」は「オコバ」という読みを残しながら漢字の表記が変化したもの、「タンマチ」は「反町」という漢字の表記を残しながら読みが変化したものだ。ただし、いずれも推測であり、今尾は反町を「現代語では意味がわからないもの」だと述べている（前掲書五二―五八頁）。

また、若者の街と言われる「原宿」も、一九六五年に町名が廃止され、現在は渋谷区神宮前の一地区となっているが、旧地名は「穏田」である。葛飾北斎の『富嶽三十六景』で「穏田の水車」が描かれた農村だった。しかし、現在は「穏田神社」くらいしか名残がない。現在の原宿で**図124**のような風景をイメージできる人は皆無であろう。

そのため、現在の原宿を歩き回っても、農村時代の痕跡を見つけるのは至難の業だ。穏田川も暗渠になり、川から道（「キャットストリート」）へ変わってしまった。「渋谷」ならば、地形を見れば「谷」だと理解できるが、原宿は地形を見てもわからないだろう。

このように、意味がわからない地名や、地形と地名が一致しない例は少なくない。今尾は、武蔵野台地に「荻窪」、「大久保」、「西久保」などの「クボ」が付く地名が多いが、多くは現地を訪れても窪地らしい地形は認められないと述べている（今尾前掲書七二 - 八七頁）。

その理由のひとつは、大字や町名の領域が広範囲であり、地名の指す「クボ」が具体的にどこの窪地なのかを判断しにくいからだ。具体的な窪地を特定するためには、大字や町名ではなく、「小字」の地名（小地名）に注目しなければならない。

その上で今尾は、「集中豪雨が頻発する昨今、処理能力を超えて溢れた大量の水は、重力に従って昔の「クボ」に集まっていく」と述べながら、次のように警鐘を鳴らしている。

「（筆者注：先祖は）決してその窪地のまん中に家を建てて住むようなことはしなかった。大雨の時は水に浸かるのを知っていたからだ。（中略）先祖が残してくれた小地名に改めて敬意をもって注目し、それを大切にしていきたいものである」（前掲

●図124：穏田の水車

出典：著作権フリー作品「富嶽三十六景」（株式会社マーユ提供）

書八七頁)。

この文章の「家を建てて住む」を、「警備業者の拠点を設ける」に言い換えてみよう。ＢＣＰの核心を突く重要な指摘だと言えるのではないか。特に「危機管理」の担い手である警備業としては、地元で信頼を得るためにも、「安全な場所」にこだわる必要がある。

地元の住民から「警備業者なのに、こんな場所に拠点を設けるなんて、危機管理ができていないね」と言われないように。

第125回　キラキラネームも悪くない?……人名の多様化

(二〇二〇年八月二五日　第二五七号掲載)

筆者は警備員時代、とある現場へ応援(臨時の欠員補充勤務のこと)で行ったときに、隊長から「名札を外して。氏名を訊かれても答えないで」と言われたことがある。どうやら、現場の近隣住民にクレーマーがいて、警備員へ詰め寄って氏名を確認し、ブログに悪口を書き込んでいるらしい。

隊長によれば、過去に勤務した数名の警備員の氏名が晒され、事実無根の悪評が流布したので、個人を特定されないように名札を外す方針にしたという。また、隊長が「氏名を答えないで」と言ったのも、筆者の氏名が平易だからだ。

「田中」は全国的に多いし、「智仁」も珍しくない。難しい氏名なら、読みの音を聞いても漢字を想起しづらいが、「タナカトモヒト」は読みの音を聞くだけで漢字を想起できる。氏名の難しさと易しさは、それぞれ一長一短である。

いずれにせよ、現場の安全だけではなく、警備員の安全も守るのが大切だと、この一件から学ばせてもらった。この隊長は社内で「やり手」として有名だったが、ここまで考えて現場を仕切っていることに驚いた。

一方で、筆者は平易な氏名でよかったと思っている。読み間違えられることは滅多になく、漢字変換も簡単で、「田中」の印鑑も入手しやすい。そのため、生活上の不便を感じたことがないのだ。

ちなみに、筆者の父は「智仁」と名づけた理由として、皇族にちなむ「仁」に加え、外国人でも発音しやすい「トモ」を合わせたと教えてくれた。身内ながら、外国人から呼ばれることも意識して名づけるとは、慧眼である。

作家の原田宗典は、「ムネノリ」と発音できない外国人から「ムネモミ」と呼ばれてしまったという（『スバラ式世界』集英社、一九九〇年、文庫版は一九九二年刊行）。国際化が進む現代では、日本語の意味だけではなく、発音も意識する必要があるのだ。

そう考えると、インバウンドが多い現場に勤務する警備員は、名札にローマ字を付記しても、正しく呼名してもらえない可能性がある。せっかく親しみや敬意を込めて呼名してもらったのに、発音が間違っていたら素直に喜べない。

とはいえ、外国語の発音を意識しすぎると、いわゆる「キラキラネーム」になりやすい。例えば、「亜莉朱（アリス）」、「頼音（ライオン）」、「澄海（スカイ）」などは、英語の人名や単語に漢字を当てた名前である。フリガナ無しで呼名するのは至難の業だ。

ただし、外国語に由来していなくても、読めない氏名は多い。筆者は大学教員なので、日頃から各種の名簿で学生の氏名を見ているが、フリガナ無しで全員を正しく呼名できる自信はない。

また、名簿を自作する場合も、漢字変換ミスに注意するだけでなく、フリガナ通りに変換できない氏名を漢字一文字ずつ変換するなど、手間をかけている。おそらく、警備員数の多い支社や営業所でも、事務員や管制員が同じように作業しているのではないか。

漢字と読み方にズレが生じる要因について、日本語学者の佐藤稔は、人名漢字の制限によって個性的な文字が使いづらいので、特殊な読み方で個性を表現しようとするためではないかと推測している（『読みにくい名前はなぜ増えたか』吉川弘文館、二〇〇七年、一八〇頁）。

さらに、名前の漢字表記の多様化も進んでいる。明治安田生命が実施している「生まれ年別の名前調査」（二〇一八年）では、わずか一年間で**表125**の通りバリエーションが増えている。親も子どもの名づけで試行錯誤しているのかもしれない。

このように、漢字や読み方が多様化すると、田中宏和さんが同姓同名を集めた「田中宏和運動」のような活動は稀少になっていくだろう（『田中宏和さん』リーダーズノート、二〇一〇年）。稀少な氏名であれば同姓同名の絆が深まることもあるだろうが、個人を識別する上では同姓同名は少ない方がいい。

その意味では、漢字表記の多様化や、読みにくい名前が増えることは、あながち悪い傾向ではないと言える。今後は警備業界でも、キラキラネームを含め、個性的で読めない氏名の警備員が増えていくと予想される。

もちろん、読者の中には、キラキラネームに眉を顰める人もいるだろう。しかし、佐藤によれば、歴史上の人物の氏名も、一般の常識では読めないことが多いという（佐藤前掲書一三七頁）。

順位	読み方	バリエーション推移 （2017年⇒2018年）
男の子　第１位	ハルト	60通り⇒71通り【＋11】
男の子　第２位	ユウト	55通り⇒64通り【＋9】
男の子　第３位	ソウタ	30通り⇒31通り【＋1】
女の子　第１位	ユイ	34通り⇒39通り【＋5】
女の子　第２位	アカリ	32通り⇒38通り【＋6】
女の子　第３位	ハナ	33通り⇒46通り【＋13】

●表125：漢字表記の多様化
出典：明治安田生命前掲調査資料

そもそも、幼名や初名がつけられた時代は、同一人物でも氏名が複数ある。例えば、上杉謙信も「長尾虎千代、景虎、上杉政虎、輝虎」と氏名が変わり、「謙信」は後の法号である。また、「茶屋四郎次郎」や「足利茶々丸」も、現代では芸名のような印象を抱く。

文筆家の伊東ひとみは、実名（ジツミョウ）は呼ぶためではなく、書くためのものだったので、読めなくても問題がなかったと説明する。明治期になっても、森鴎外などのエリートが珍名を好んでいたことはよく知られている（『キラキラネームの大研究』新潮新書、二〇一五年、一七〇－一七四頁）。

社名や地名と同じく、人名も奥が深い。警備業界は年齢層が幅広いので、警備員名簿にどのような氏名が並ぶのか、楽しみにしている。とはいえ、氏名に誇りやコンプレックスを抱いている人も多いので、珍名であっても茶化すのはご法度だが。

第126回 「ハンコを押しに出社する」の怪……押印文化

（二〇二〇年九月五日・一五日合併号 第二五八号掲載）

二〇二〇年六月一九日に、内閣府、法務省、経済産業省は連名で「押印についてのQ&A」を発表した。私法上、契約書などの書面への押印は、特段の定めがある場合を除き、必要な要件とはされていない。だから、押印を省略しても構わないという方針である。

今般のコロナウイルス禍では、感染拡大防止の観点から、在宅勤務（テレワーク）が推奨されているが、旧態依然とした企業文化により、「押印のために出社せざるを得ない」という会社員も多かった。この矛盾を解消するために発表されたのが「押印についてのQ&A」であり、日本の商習慣の見直しを図るものである。

筆者は以前から押印の効力に疑問を抱いていたので、この動きを好意的に捉えている。ここで読者の皆様へクイズを出題しよう。**図126**のA、B、Cの三つの印影は、いずれも筆者が常用している印判のものだが、この中で「銀行印」はどれでしょうか。

おそらく、「個人の印影を紙面で晒すな」というお叱りもあるだろう。しかし、有印文書は他人に見られることが前提であり、印影も秘匿すべきものではない。もちろん、他人の印影を無断で晒すのはご法度だが、本人が自ら晒すのは問題ないはずだ。

それでも、「偽造など、不正に利用されたらどうするんだ」という意見もあるだろう。実は、それこそが押印の必要性に疑問を抱くポイントである。

このクイズの答えは「B」なのだが、この印判は大手の一〇〇円ショップで購入したもので、たくさん流通している。

筆者のメインバンクの口座は、警備員として採用されたときに、給与振込用に開設したものだ。上司から「警備員は現場でもハンコを使うから、常備しておいて。シャチハタ不可の現場もあるから、三文判ね」と言われ、最寄りの一〇〇円ショップに急いで買いに走った。その日のうちに口座開設の書面に押印したので、一〇〇円ショップの印判が銀行印になったという経緯である。

このとき率直に思ったことは、「田中でよかった」と「紛失しても困らない」であった。「田中」の印判は容易に入手できるし、紛失しても同じ印判を買い直せば手続きに支障がないからだ。もはや、偽造などの不正利用を警戒する余地もない。

このように、誰もが容易に同じ「田中」の三文判を入手できる以上、印影を見て「本人が押印した」という事実は確認できない。実際に、同僚の田中さんが印判を忘れて貸した際にも、問題なく業務を遂行できていた。

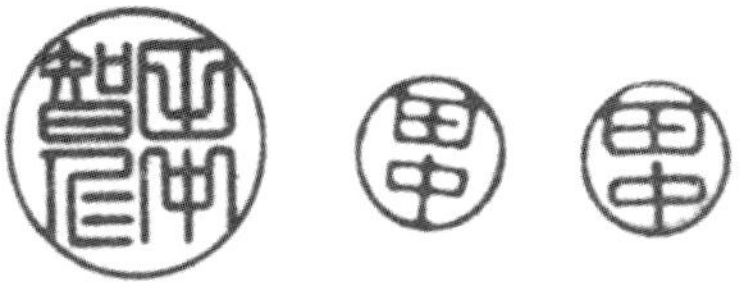

●図126：筆者の銀行印はどれか？
筆者撮影

逆に、以前に勤めていた大学で、アメリカ人の外部講師を招聘し、謝金を支払う手続きで問題が発生した。受領書にサインしてもらったが、「押印がないので」と事務担当者から突き返されてしまったのだ。アメリカには押印の文化がないので、当然ながら印判を持っていない。事務担当者へ事情を説明しても理解してもらえず、押し問答になった挙句、「㊞」の個所に手書きでマルを書き、その中に小さくサインするということで決着した。この無意味な対応で、日本の押印文化の煩わしさを痛感した。

それでは、押印文化とは何か。歴史学者の石井良助によれば、奈良時代には押印文化は存在していたが、印判を作るのは国家の特権とされ、私人が作るには国家の許可が必要であった（『印判の歴史』明石書店、一九九一年、一四－一五頁）。印判を国家が管理する目的は、①文書の真偽を弁別するため、②国家の権威を示すため、という二つである。だからこそ、有印文書は「国家のお墨付き」がある重要書類として扱われたのだ。ただし、当時の有印文書にあるのは「皇帝の印」であり、役人が公文書に署名する場合には、自署するだけで印は押さなかった。押印が普及したのは室町時代以降だが、石井は発する文書の数が増えて、いちいち署名するひまがなかったのが主な要因だと推測している（前掲書一一一頁）。

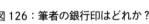

つまり、「手書きで署名するのが面倒だから、印判でいいや」という、作業の省力化によって印判が普及したというのだ。それでも、戦国武将の場合は、偽造された文書によって戦争が勃発したら大変なので、豪華な印判を使用していた。

しかし、江戸時代になって庶民にも印判が普及すると、簡素な木製の印判になったそうだ。おそらく、現代の「認印」や「私印」として使われている三文判やシャチハタ印は、江戸時代の木製の印判にあたる。

朱肉については、おそらく「血判」の名残だと思われるが、江戸時代以前の主流は「墨」なので、本来は黒色で構わない。文字が黒色なのに押印だけが朱色というのは、ミスマッチな配色なのだが、「常識」になっているので疑問を抱かれないのだろう。

ちなみに、今回は石井に倣って「印判」、政府の文書に倣って「押印」と主に表記しているが、他にも「印鑑」や「判子」(ハンコ)、「捺印」といった言葉がある。これらを日常生活で厳密に使い分けることはないだろう。

なんとなく「実印は印鑑登録するから判子ではない」などと考えるが、「印鑑持参」で三文判を持参しても問題ない。また、「署名・捺印」を求められて「押印ではなく、捺印でいいんですか」と確認することもないだろう。

にもかかわらず、商習慣として無批判に押印文化を受け入れていたがゆえに、在宅勤務なのに押印のために出社するという不可解な事態が生じたのではないか。もし「弊社は押印が必須です」という読者がいたら、その押印の意味を考えてもらいたい。

ただし、筆者は押印文化そのものを否定しているわけではない。現場で多くの管理簿や報告書を作成している警備員は、記名ではなく押印で済ませられたら作業が省力化される。これは元々の押印の目的に適っている。

余計な作業を減らして楽をするためであれば、押印文化は歓迎である。また、旅路の「記念スタンプ」や寺社の「御朱印」も風情があって楽しめる。「楽」のための押印文化は、今後も引き継いでいきたい。

第127回　四〇年前の「新しい生活様式」……警備業のB to C

（二〇二〇年九月二五日・一〇月五日合併号　第二五九号掲載）

厚生労働省は、新型コロナウイルス感染症専門家会議からの提言（二〇二〇年五月四日）を踏まえ、同省ホームページで「新しい生活様式」の実践例を公表している。読者の皆様も、生活者の一人として、そして警備業者の一員として、様々な実践に取り組んでいることだろう。

実践例は、図127のようにわかりやすく整理されている。紙面では細かすぎて読めないと思うので、詳細は同省ホームページで確認してほしいが、「3密（密閉空間、密集場所、密接場面）」の回避、買い物における通販や電子決済の利用など、多岐にわたっている。

これらの実践に、すんなりと馴染んだ人もいれば、抵抗感や戸惑いを覚えて馴染めない人もいるだろう。警備業者としても、ビジネスモデルの転換を強いられて頭を抱えている者もいれば、新たなビジネスチャンスと捉えて意気揚々としている者もいるはずだ。

しかし、「生活様式とは何か」と問われると、意外に答えるのが難しい。辞典では「生活様式」について「ある社会・集団に属する人に共通してみられる生活の型」（『大辞泉』デジタル版）などと説明されているが、抽象的でつかみどころがない。

かといって、実践例のように具体的な個々の動作や方法を挙げはじめると枚挙に暇がない。それに、マスク着用をめぐっても、感染症対策と熱中症対策を両立するために、臨機応変な対応が求められる。つまり、「新しい生活様式」も輪郭が定まったものではないのだ。

そこで注目したいのは、今から四〇年前の一九八〇年に出版された吉野正治著『生活様式の理論』（光生館）である。吉野は、「よい生活は人の数だけある」という原点に立ちながら、「新しい生活様式をどう考えるか」を論考している。

吉野は西山卯三に師事した建築学者だが、「よい住まい」から「よい生活」へと視点を広げた研究者であった。そのため、社会学、家政学、歴史学、行動経済学などを幅広く扱っている。だからこそ、玉石混交の「生活研究」の理論を整理する目的で同書を執筆したという。

同書は一九七七年から約三年をかけて執筆されているが、当時の日本はオイルショックの影響で産業構造の変化を迫られていた時期である。重工産業が低迷し、日常生活でも省エネの取り組みが求められていた。そのため、飲食店や商業施設の時短営業などが行われた。

一方で、家電製品や半導体の技術が発達し、情報産業が伸長していた。この背景を踏まえ、吉野は「最もドラスティックな変化をとげた生活」として「情報・通信・交通」を挙げ、情報産業の成立により「地球レベルのネットワークの完成」「即時連絡化」「高速化」が起きていると述べている（前掲書一一三頁）。

これらの字面を見て、ふと気づくことがある。今般のコロナウイルス禍でも、飲食店や商業施設の時短営業が「自粛要請」として行われている。また、情報通信では、Ｚｏｏｍなどのオンラインツールが普及し、リモート形式の会議や催事が主流になった。

その結果、街へ出る人が減る一方で、５Ｇの登場によって通信速度が飛躍的に向上し、地球レベルのネットワークで即時連絡が可能になりつつある。ということは、一九七〇年代後半の「新

「新しい生活様式」の実践例

（１）一人ひとりの基本的感染対策

感染防止の３つの基本：①身体的距離の確保、②マスクの着用、③手洗い

□人との間隔は、できるだけ２m（最低１m）空ける。
□会話をする際は、可能な限り真正面を避ける。
□外出時や屋内でも会話をするとき、人との間隔が十分とれない場合は、症状がなくてもマスクを着用する。ただし、夏場は、熱中症に十分注意する。
□家に帰ったらまず手や顔を洗う。
　人混みの多い場所に行った後は、できるだけすぐに着替える、シャワーを浴びる。
□手洗いは30秒程度かけて水と石けんで丁寧に洗う（手指消毒薬の使用も可）。

※　高齢者や持病のあるような重症化リスクの高い人と会う際には、体調管理をより厳重にする。

移動に関する感染対策

□感染が流行している地域からの移動、感染が流行している地域への移動は控える。
□発症したときのため、誰とどこで会ったかをメモにする。接触確認アプリの活用も。
□地域の感染状況に注意する。

（２）日常生活を営む上での基本的生活様式

□まめに手洗い・手指消毒　□咳エチケットの徹底
□こまめに換気（エアコン併用で室温を28℃以下に）　□身体的距離の確保
□「３密」の回避（密集、密接、密閉）
□一人ひとりの健康状態に応じた運動や食事、禁煙等、適切な生活習慣の理解・実行
□ 毎朝の体温測定、健康チェック。発熱又は風邪の症状がある場合はムリせず自宅で療養

（３）日常生活の各場面別の生活様式

買い物

□通販も利用
□１人または少人数ですいた時間に
□電子決済の利用
□計画をたてて素早く済ます
□サンプルなど展示品への接触は控えめに
□レジに並ぶときは、前後にスペース

娯楽、スポーツ等

□公園はすいた時間、場所を選ぶ
□筋トレやヨガは、十分に人との間隔を
　もしくは自宅で動画を活用
□ジョギングは少人数で
□すれ違うときは距離をとるマナー
□予約制を利用してゆったりと
□狭い部屋での長居は無用
□歌や応援は、十分な距離かオンライン

公共交通機関の利用

□会話は控えめに
□混んでいる時間帯は避けて
□徒歩や自転車利用も併用する

食事

□持ち帰りや出前、デリバリーも
□屋外空間で気持ちよく
□大皿は避けて、料理は個々に
□対面ではなく横並びで座ろう
□料理に集中、おしゃべりは控えめに
□お酌、グラスやお猪口の回し飲みは避けて

イベント等への参加

□接触確認アプリの活用を
□発熱や風邪の症状がある場合は参加しない

（４）働き方の新しいスタイル

□テレワークやローテーション勤務　□時差通勤でゆったりと　□ オフィスはひろびろと
□会議はオンライン　□対面での打合せは換気とマスク

※　業種ごとの感染拡大予防ガイドラインは、関係団体が別途作成

●図 127：「新しい生活様式」の実践例（令和 2 年 6 月 19 日改訂版）
出典：厚生労働省 HP（https://www.mhlw.go.jp/stf/seisakunitsuite/bunya/0000121431_newlifestyle.html）

しい生活様式」と同じような体験を、コロナウイルス禍を生きる現在の人々は体験しているのではないか。

もちろん、当時と現在では、技術革新の質は違うので、同一視すべきではないという意見があるだろう。また、「Ｚｏｏｍや５Ｇはコロナウイルス禍に関係なく開発されたものだ」という反論もあるだろう。しかし、吉野は次のように述べる。

「新しい生活様式は、目を見はるような技術や生活手段が登場し、それが引き金となって新しい世界が開けると考えるよりも、基本的には、すでに到達した文明的繁栄を、いかに人間と自然のものとして計画管理してゆくかにあると考えた方が現実的であろう」（前掲書一二〇頁）。

この指摘は「新しい生活様式」の核心を突いているのではないか。Ｚｏｏｍや５Ｇなどの技術に限らず、通販や電子決済などの手段も「目を見はるような技術や生活手段」に見えるが、コロナウイルス禍が始まる前に「すでに到達した文明的繁栄」であった。

すなわち、「新しい生活様式」とは、未知の新技術や前例のない生活手段を開発することではなく、すでに存在している技術や生活手段を積極的に取り入れることである。言いかえれば、「やろうと思えば、できること」をやるだけなのだ。

実は、警備業界もそうやって発展してきた。同書が出版された翌年の一九八一年に、セコムは「マイアラーム」を発売し、ホームセキュリティのサービスを開始した。これで警備業は事業所向けの「B to B」の業態から、一般家庭向けの「B to C」の業態へ展開した。

ただし、機械警備は一九六〇年代にシステムが開発されている。それがオイルショック後の情報産業の成長と相まって、時世の流れに乗ったのだ。だから、ホームセキュリティは「すでに到達した文明的繁栄」を、一般家庭に取り入れたサービスだと言える。

コロナウイルス禍のピンチをチャンスへ変えるには、すでに存在している技術や生活手段を活かすことから始めればよいのではないだろうか。

第128回　警備員と貧血……労務管理の医学的視点

（二〇二〇年一〇月一五日・二五日合併号　第二六〇号掲載）

一般社団法人全国警備業協会（以下、「全警協」）は、「警備なでしこ」という愛称のもと、女性警備員を増やす取り組みを行っている。筆者も、女性が警備業界で活躍することを望んでいるので、この取り組みに賛同している。

女性警備員の割合は概ね五％台で推移してきたが、保安検査や女子トイレ内の巡回など、女性警備員が不可欠な業務がある。にもかかわらず、なぜ女性警備員が少なかったのかを明らかにするため、筆者は三年間にわたって調査を行い、その成果をまとめているところだ。

しかし、成果をまとめながら反省しているのは、調査で「貧血」の話題に触れなかったことである。筆者の専門は社会学なので、「女性の社会進出」などの政策や、「産休・育休」などの制度に注目したが、医学的な視点が欠落していた。

そのことに気づかされたのは、医師の山本佳奈が著した『貧血大国・日本』（光文社新書、二〇一六年）を読んだときだった。山本は、基本的な貧血のメカニズムに加え、妊婦、成人女性、子ども、中高生、アスリート、高齢者に特有の貧血を幅広く概説している。

その中で、特に注目したのは、成人女性と高齢者である。まず、成人女性の場合、二〜三割が子宮筋腫を持っていると言われる。もっとも発症しやすい年齢は四〇代で、次いで三〇代、五〇代になるという（前掲書九八頁）。まさに隊長クラスの「警備なでしこ」として活躍が期待される年代である。

山本の説明によれば、子宮筋腫は良性の疾患だが、主な症状は過多月経と月経痛で、月経血が多いことで貧血になりやすい。筆者の調査では、月経は話題になったが、貧血まで考慮していなかったことが悔やまれる。

とはいえ、月経の話題も、男性である筆者から質問するのは気まずさを感じた。いくら真面目な質問であっても、男性から身体のことを問われて不快に思う女性もいるだろう。その意味でも、警備業界に女性が増え、女性の目線で問題提起や情報発信があるのが望ましい。

次に、高齢者の場合を考えてみよう。山本によれば、貧血は概ね五〇歳を過ぎると増えるという。なぜなら、男女とも年齢を重ねるにつれ、ヘモグロビン濃度が低下するからだ。さらに、高齢者の貧血の多くは病気と関係しているので、注意を要するという（前掲書一五四−一五五頁）。

具体的には、鎮痛薬や治療薬の副作用による貧血、消化器病による貧血、慢性炎症による貧血など、様々なパターンが紹介されている。もちろん、病気とは無縁の健康な高齢者もいるが、何らかの不調を抱えている人が多いと考えられる。

　そうなると、警備員の年齢構成が気になる。表128の通り、高齢の警備員が多いのは周知の事実であるが、六〇歳以上の構成比合計は四四・七％、五〇代も含めると六三・七％である。既述の通り、五〇歳を過ぎると貧血が増えるので、労務管理上は看過できない数字だ。

　言うまでもなく、勤務中に警備員が倒れたり、フラついていれば、現場は混乱する。幸い本人が大事に至らなかったとしても、一時的に警備体制が崩れてしまう。施設警備であれば、その隙を犯罪者に狙われるかもしれない。また、交通誘導であれば、事故の要因になるかもしれないのだ。

　そして、つらい思いをするのは貧血になった本人である。責任感の強い警備員は、自分のせいで現場を混乱させ、事件や事故を引き起こしてしまったと感じるだろう。会社に居づらくなり、退職する可能性も考えられる。

　もちろん、貧血になる頻度が高すぎる人は警備員に不向きだろうが、たった一度でも「迷惑をかけた」という思いが残り、自信や信頼を失

	30歳未満	30～39歳	40～49歳	50～59歳	60～64歳	65～69歳	70歳以上
警備員数	57.043	59.543	90.566	108.533	78.295	89.464	87.281
構成比 (%)	10.0%	10.4%	15.9%	19.0%	13.7%	15.7%	15.3%
男性警備員（人）	46.660	54.614	83.723	101.404	75.096	86.902	85.355
女性警備員（人）	10.383	4.931	6.843	7.129	3.199	2.562	1.926
女性警備員の割合(%)	10.2	8.3	7.6	6.6	4.1	2.9	2.2

●表 128：警備員の年齢別・男女別状況（令和元年末）

出典：警察庁生活安全局生活安全企画課「令和元年における警備業の概況」

えば、今まで通りに勤務することは難しい。退職させずに引き留めるのであれば、相応の心理的なケアも必要になる。

それでは、有効な貧血対策は何か。やはり、食事で鉄分を摂取することが重要だが、注意すべき点は、食品によって含まれている鉄のタイプが違うということだ。鉄には「ヘム鉄」と「非ヘム鉄」があり、必要なのはヘム鉄である。

ヘム鉄を含むのは動物性食品であり、肉、魚、卵、乳製品などだ。一方の非ヘム鉄は植物性食品に含まれており、野菜、海藻、大豆などが挙げられる。山本は、日本人が鉄不足に陥りやすい理由の一つとして、植物性食品から鉄を摂る割合が高いからだと述べている（前掲書一九二頁）。

ただし、高齢の警備員に「肉を食べなさい」と指導しても、かえって胃もたれを起こしたり、食欲を減退させてしまう可能性もある。山本が推奨しているのは、ビタミンCが多い緑黄色野菜や果物と「食べ合わせ」をすること、そして「海苔」を食べることである。

海苔は藻類だが、おにぎりや手巻き寿司、そして海苔弁当などで気軽に食べられる。また、ふりかけや焼きそばなどの青海苔も貧血防止に有効だという。貧血になりやすい警備員が身近にいたら、ぜひ勧めてもらいたい。

あえて注意を喚起するならば、「食後に口元を確認せよ」になるだろう。「あの警備員、歯に海苔が付いてる」と笑われないように。そこで咄嗟に「いやあ、海苔だけにノリがいいもんで」などと発言してスベったら、それはそれで悲劇である。

第129回　影が薄い日暮里駅事故……本連載第18回の訂正

（二〇二〇年一一月五日・一五日合併号　第二六一号掲載）

「うわっ、やってしまった」というのが筆者の第一声だった。本連載の第18回（単行本第一巻収録）で、一九五二年に発生した日暮里駅の雑踏事故を取り上げた際に、事実誤認があったことに気づいたのである。

第18回は、「皇宮警察本部長が引責するまで…雑踏警備の誕生②」と題して一九五〇年代の雑踏事故の事例を三つ挙げた。一つ目は一九四八年に発生した新潟万代橋の花火大会の事故、二つ目が日暮里駅の事故、そして三つ目は一九五四年の皇居二重橋で発生した一般参賀の事故である。

日暮里駅事故は、通勤ラッシュ時のダイヤ乱れにより駅構内が混雑し、群集圧力によって駅の跨線橋の壁面が崩壊して、線路上に転落した利用客が列車に轢かれたというものだ。八名が死亡、六名が負傷した。言うまでもなく大惨事である。

しかし、一九五二年当時は、戦後復興が進む一方で、まだ高度経済成長は始まっておらず、国民が「物質的豊かさ」の恩恵を受けられない時代だった。そのため、駅の跨線橋の壁面も、簡素な羽目板が使われていた。物資が不足していたがゆえの惨事だったと考えられる。

この事例を扱ったのは、本連載が初めてではない。二〇〇九年に日本社会病理学会の機関誌に掲載された論文と、その論文を加筆修正した博士論文で扱っている。さらに、博士論文を書籍化した『警備業の分析視角』（明石書店、二〇一二年）にも記載している。

事故の詳細を筆者が調べ始めたのは、二〇〇八年頃である。図書館に籠り、当時の新聞記事を確認した。そして、記事から得られた情報をもとに、事故後の経過では駅壁面の強度確認が必要とされ、「事故の責任追及は行われず、物質面に関心が示されている」と述べた。

研究成果としては出し切った感があったが、論文や専門書は研究者向けなので、警備業の実務に従事している人には手に取ってもらえない。だからこそ、専門書の内容をかみ砕いて、本連載に組み込んだというのが実情である。

ところが、ルポライターの小池壮彦が著した『東京の幽霊事件』（角川書店、二〇一九年）を読んでいたとき、日暮里駅事故を扱った章で、次のように記述されていた。

「当時の国鉄総裁は、事故原因を〝不可抗力〟と主張した。（中略）だが、警察の調べで羽目板がぼろぼろに腐っていたことがわかり、駅長その他の職員が刑事責任を問われた」（前掲書二三頁）。

これは参った。事故の責任追及は行われなかったという筆者の説明は、事実誤認だったのである。続報の新聞記事を見落としたのかもしれない。また、新聞以外の情報源も当たるべきだった。この場を借りて、訂正とお詫びを申し上げる。

ただし、自己弁護するわけではないが、小池によれば日暮里駅事故は国鉄時代の事故のなかでは影が薄いという。前年には桜木町駅の列車火災で一〇六名が死亡し、その後も三河島事故や鶴見事故が発生したために、鉄道史上では忘れられた感があると述べている（前掲書二四頁）。

そうであれば、日暮里駅事故の資料（史料）が少ない理由は、当時としては事故の規模が比較的小さく、記録が少なかったからだと考えられる。近年も同じで、ＪＲ福知山線の脱線衝突事故は記録が多く、人々の記憶に残っているのに対して、小規模な脱線事故は記録が少なく、人々の記憶にも残りにくい。

そう考えると、警備業界で明石歩道橋事故が雑踏警備の失敗事例として語り継がれていることは、二つの意味で重要である。一つは言うまでもなく、「二度と繰り返さない」という教訓である。

死者六、負傷七名
人波に羽目板外れ
陸橋から線路へ転落
日暮里駅、通勤時の惨事
落ちた瞬間、電車！
入り乱れた悲鳴
泣きくずれる級友
注目の"政令325号"処理
日共軍事スパイ団 日本側再裁判開く
自動車強盗を捕う
"補強"してなかった
安全運転期間中の出来事

●図 129：日暮里駅の雑踏事故を報じる紙面
出典：『朝日新聞』昭和 27 年 6 月 18 日付

事故で失われた尊い命を思い返すことで、再発防止を誓う契機になる。

もう一つは、明石歩道橋事故以来、大規模な事故を起こしていないということだ。例えば、地下鉄サリン事件の発生によって、松本サリン事件が目立たなくなっているように、前例を超える規模の事件や事故が発生すると、前例の記憶は薄れていく。

「明石の事故？　ああ、思い出した。あれから事故が多すぎて忘れてたよ」という状態になると最悪である。今後、警備業が大規模な事故を起こさずに、雑踏警備に尽力していけば、明石歩道橋事故はいつまでも語り継がれるだろう。

ちなみに、筆者が『東京の幽霊事件』を読んでいたのは、オカルトに興味があるからではない。同書は、怪談の現場を取材し、そこで過去に起こった事件や事故の記憶が、どのように怪談へ変化していったのかを追跡した渾身のルポである。

怪談はホラーとして娯楽に組み込まれる一方で、過去の事件や事故の記憶を後世に伝えるツールでもある。日暮里事故もその一つで、記録は少ないが、怪談となって人々の記憶に残る事例となっている。

社会の安全・安心を考えるとき、怪談を「恐怖の逸話」として楽しむのではなく、「先人が残した教訓」として読み解くと、新しい発見があるかもしれない。その発見をもとに、警備の在り方を議論するのも有意義であろう。

なお、本連載の第71回「警備員と心霊現象」（単行本第二巻収録）で、警備業務の実施中に幽霊と遭遇したことのある読者がいれば、ぜひ筆者にご一報いただきたいとお願いしたが、まだ誰からも連絡がない。貴重な体験談を絶賛募集中である。

※明石歩道橋事故の記録は、二〇二二年七月に「明石歩道橋事故再発防止を願う有志」の名義で

『明石歩道橋事故　再発防止を願って―隠された真相　諦めなかった遺族たちと弁護団の闘いの記録』（神戸新聞総合出版センター）として出版されました。雑踏警備や大規模イベントの企画に携わる者には必読書ですが、警備やイベント企画に直接かかわることがない人にも、広く読まれることを期待しています。

なお、犠牲者の一人である下村智仁ちゃん（当時二歳）は、遺族会の代表者である下村誠二さんの次男です。学術研究には私情を挟まないのが鉄則なので、筆者は客観性を追求していますが、同名の「智仁」ちゃんに親近感を抱いてしまうのも事実です。筆者は日本社会病理学会の大会や機関誌で雑踏事故の問題を取り上げてきましたが、その際に、いつも智仁ちゃんに思いを馳せ、哀悼の意と再発防止の願いを込めていました。この心情は学術論文や専門書に記すことができないので、ここに記します。

また、紙幅の関係で本文には記載できませんでしたが、一九五五年に三重県津市で発生した「中河原海岸水難事故」の怪談も有名です。同事故は、中学校の体育で海岸を泳いでいた女子生徒が一斉に溺れ、三六名が死亡した惨事でした。事故後に「生存者の証言」から、「防空頭巾をかぶった何十人もの女の亡霊が現れ、足を掴まれて海へ引きずり込まれた」という怪談になりましたが、現在では証言がメディアによる捏造であったことが明らかにされています。

同事故の詳細は、後藤宏行著『死の海』（洋泉社、二〇一九年）をご参照ください。同書では、事故前に市と漁協の監視船契約が決裂した経緯や、事故後に学校側の安全管理責任が厳しく追及された経緯なども記述されていますので、「安全」を考える上で多くの示唆を得られます。

第130回　サンタさんのいないクリスマス……都市の年中行事①

（二〇二〇年一一月二五日　第二六二二号掲載）

この原稿が紙面に掲載される頃、街はクリスマスで盛り上がっているのだろうか。二〇二〇年はコロナウイルス禍の影響で、「自粛」の連続だった。これまでの年末とは違い、思い出したくない一年になりそうな人が多いだろう。

その中で、二〇二〇年一〇月一六日に公開初日を迎えた映画『鬼滅の刃（無限列車編）』の大ヒットは、胸のすく思いがした。筆者は初日に仙台の映画館で鑑賞したが、「コロナウイルス禍は幻想だったのか？」と思うほどの大勢の観客が詰めかけていた。レイトショーの時間帯に鑑賞したので、観客は全員が大人だったが、仕事帰りの「いい年の大人たち」が人目を憚らずに泣いている姿に非日常感を覚えると同時に、「大勢の観客」がいる空間に日常感を覚えるという不思議な感覚であった。

ところが、この調子ならクリスマスも盛り上がるだろうと思った矢先に、感染拡大の「第三波」が来てしまった。やはり、感染防止を徹底しなければならない。それでも、せめてクリスマスくらいは、辛かった二〇二〇年の良い思い出になってほしいと願っている。

一方で、クリスマスに対して、日本人が抱くイメージは多様である。若いカップルなら「恋人とデートする日」であろうし、既婚者であれば「家族とケーキを食べ、サンタクロースに扮して子どもにプレゼントを贈る日」であろう。

また、敬虔なキリスト教徒であれば祈りをささげる大切な日だが、「私はキリスト教徒ではないから関係ない」と冷めている人もいるだろう。おそらく、クリスマスは最もイメージが統一されていない年中行事ではないか。

それでは、いつからクリスマスは日本で年末の定番行事になったのか、読者の皆様にクイズを出そう。次の選択肢の中から、正解だと思うものを、一つだけ選んでもらいたい。

①明治の文明開化
②大正デモクラシー

③満州国建国
④太平洋戦争後

ちなみに、日本にキリスト教が伝来したのは一五四九（天文一八）年で、スペインのイエズス会宣教師フランシスコ・ザビエルがもたらしている。しかし、豊臣秀吉が「バテレン追放令」を発令して以降、江戸時代までキリスト教は弾圧されていた。

それでも、隠れてキリスト教を信仰する者もいて、その遺産が長崎・天草地方に残されている。その一端を知りたい人は、広野真嗣著『消された信仰』（小学館、二〇一八年）をご一読いただきたい。

それでは、正解を発表しよう。「④太平洋戦争後」である。ただし、宗教学者の石井研士によれば、明治期に女学校の行事や百貨店の商戦として、クリスマスは知られていたという。しかし、当時の人々に広く受容されていたとは言えないようだ（『都市の年中行事』春秋社、一九九四年）。

●図 130：コロナウイルス禍のクリスマス
出典：「イラストAC」より素材

その後、大正から昭和初期にかけての時代も、石井はクリスマスが盛況であったことを示す証拠を見出すことはできないと述べている。それが、昭和二〇年代になると、進駐軍がクリスマスで盛り上がり、その豪華な雰囲気に多くの日本人が魅了された。

銀座などの繁華街は大勢の人々で賑わい、都電が二割増発されるほどだったという。もちろん、日本人が興じたのは宗教行事としてのクリスマスではなく、娯楽であった。石井は当時の新聞記事をもとに、次のように説明する（前掲書一二〇－一二一頁）。

まず、一九五四（昭和二九）年のクリスマス・イブの人出は銀座九〇万人、新宿四〇万人、浅草三〇万人、渋谷一〇万人である。目視の数字であるとは言え、数十万人が繁華街を埋め尽くす状態になれば、平和なはずがない。

交番は酔客の世話に振り回され、救急車の出動は多忙を極めた。都内の交通事故は記録的な発生ぶりで、火災報知器と一一〇番のいたずらが終夜連発し、窓ガラスがあちらこちらで割られた。道路標識は倒され、門松もひっくり返されてめちゃくちゃにされた。

おそらく、地獄絵図のような狂騒だったのだろう。東京都がキャバレーなどの風俗店に深夜営業を認めたこともあり、大人たちが「教徒」ではなく「狂徒」と化していた。警察も特別警戒態勢をしき、銀座では数寄屋橋にクリスマス警戒取締本部を設置した。

この記述を読んで率直に思ったのは、①この当時に警備業が存在していたら大変だったろう、

②現在のハロウィーンと同じではないか、という二点である。
「①」については、もし施設警備や雑踏警備に警備員が配置されていたら、無傷で済むはずはない。加えて、「警備員がいたのに施設を壊された」や「交通事故を防止できなかった」などと言われて、謝罪や損害賠償に追われることになったかもしれない。なんとも恐ろしい話である。

なお、クリスマスが家族の行事になったのは、高度経済成長期だそうだ。一九六二（昭和三七）年に警備業が登場した頃には、落ち着いた行事になりつつあった。警備業はちょうどよい時期に登場したのかもしれない。

「②」については、本連載第62回（単行本第二巻収録）で説明した通り、盛り上がれるイベントが欲しい時期にハロウィーンがあったのと同じだ。石井によれば、クリスマスは収穫祭と同じ意味を持つ。そして、年末賞与後の時期が、一年の収穫を祝う祭りに重なるのだ。

つまり、戦後のクリスマスは、「都市のサラリーマンが一年の収穫を祝う祭り」として受容されたのである。そこに「家族」や「子ども」はおらず、白髭のサンタさんもいない（百貨店には若い女性サンタがたくさん配置されたそうだが）。

コロナウイルス禍の鬱憤を晴らす今年最後のイベントがクリスマスだが、狂騒にならない程度に盛り上がることを期待している。

第131回　チョコがないバレンタイン……都市の年中行事②

（二〇二〇年一二月五日・一二五日合併号　第二六三号掲載）

前回はクリスマスが戦後に普及したイベントだったと説明した。今回のテーマは、二月一四日のバレンタインデー（以下、「バレンタイン」）である。

バレンタインは、女性から男性へチョコレート（以下、「チョコ」）を渡す日として定着している。いくら「女性の社会進出」や「LGBTへの配慮」などが叫ばれても、「バレンタインをやめろ」という声は表立たない。あるとすれば、チョコをもらえない人からの妬みである（筆者もその一人だが）。

それでは、いつ頃からバレンタインが始まり、どのように普及していったのだろうか。この疑問についても、宗教学者の石井研士が『都市の年中行事』（春秋社、一九九四年）で考察している。

石井によれば、バレンタインは七世紀にキリスト教の祭日となった。しかし、一四世紀頃には宗教とは無関係になったようだ。それ以降は、恋人同士が贈物を交換する風習としてヨーロッパに広まったようだが、チョコを渡す風習はなかったらしい。

それが、日本でチョコを渡す日になった背景として、製菓業界の商略（業界陰謀説）があると言われている。一九三六（昭和一一）年にモロゾフが広告を出したのが嚆矢となった説や、一九五八（昭和三三）年にメリー・チョコレートがキャンペーンを始めた説がある。

しかし、石井によれば、モロゾフやメリー・チョコレートの商略は失敗したという。どうやら、業界陰謀説は俗説にすぎないようだ。そこで、石井は一九六〇年代の新聞広告を調べ、バレンタイン定着の軌跡を追っている。

一九六〇年代で圧倒的に多い広告主体は、製菓業界ではなく百貨店であった。それ以外だと、タケダ薬品（原文ママ、おそらく「武田薬品工業」のこと）、三菱自動車、東芝など、チョコとは無関係の企業広告が多く見受けられるという。

製菓業界では、森永製菓が「愛する人にチョコレートを贈りましょう」と広告を出している。一方で、グリコ、明治製菓、不二家などは二月一四日の広告でも「バレンタインデー」の文字を見ることはできないという状況であった。

百貨店も、伊勢丹などが「贈りもの」という言葉で広告を出しているが、チョコを贈るとは書いていない。その結果、一九六八年をピークにバレンタインの客足は遠のき、日本での定着は難しいと漏らす声も聞かれたらしい。

ところが、各業界の商略とは裏腹に、一九七〇年代になるとチョコの消費量が急増して、消費者側が多様なプレゼントの中からチョコを選ぶようになった。そして、一九八〇年代には「義理チョコ」が登場し、主婦層にも広がりを見せ始めた。

この「義理チョコ」がバレンタイン定着の決定打となる。**表131**の通り、一九九三年の調査では「1人」（おそらく「本命チョコ」）に贈っている割合は低く、最も割合が高いのはいずれも「6人以上」である。「愛する人」へ「贈りもの」をするという商略も外れたようだ。

また、石井は自身の授業を受講している女子学生にレポートで意見を書いてもらった結果、「義理チョコ」にも様々な思いが込められていることを知る。学生たちは、商略に影響されていることを承知しながら、主体的にバレンタインを行っていた。

すなわち、バレンタインは女性たちが消費者としての立場でありながら、主体的に築き上げた文化だったのである。このように、消費者は必ずしも「受け身」

	全体	10代以下	20代		30代		40代以上
			未婚	既婚	未婚	既婚	
0人	0.3	1.4	0.5	0.0	0.0	0.0	0.0
1人	6.4	4.2	3.6	16.3	0.0	8.6	5.5
2人	8.5	8.3	2.3	6.3	11.4	14.3	15.4
3人	17.7	16.7	12.7	17.5	5.7	25.7	23.1
4人	10.8	16.7	6.4	17.5	11.4	11.4	9.9
5人	18.3	23.6	18.6	12.5	22.9	17.9	17.6
6人以上	38.0	29.1	55.9	29.9	48.6	22.1	28.5
平均人数	5.5人	5.0	6.8	4.8	6.3	4.4	5.0

●表131：贈った人数と贈ったチョコレートの個数（ユーハイム調査、1993年、単位は％）

出典：石井前掲書156頁

ではなく、「仕掛ける側」として、新しい文化を創造することもあるのだ。

ということは、警備業のサービスも、業界側が予想していなかった形で展開する可能性がある。例えば、本連載の第127回（本書収録）で「警備業のB to C」について考えたが、ホームセキュリティや緊急通報サービスなどの消費者を対象とするサービスは、まだ伸び代がある。

今般のコロナウイルス禍で、帰省を自粛している人も多いだろう。郷里に残っている高齢の親族が気掛かりでも、容易に会えない状況が続いている。そのような状況下で、B to Cのサービスが需要を伸ばす可能性はある。

また、並行してB to Bのサービスも脚光を浴びるかもしれない。現在、空港保安は搭乗客数の減少で規模縮小を余儀なくされているだろうが、日頃の保安検査で培った技術が出入管理の検温強化などで発揮される可能性もある。

さらに、対人接触を避ける目的で、ドローンや警備ロボットを使用した物資輸送が貴重品運搬警備に導入されるなど、既存の技術やサービスを組み合わせたら、警備業務の幅が広がるのではないか。

とはいえ、筆者の拙い予想は、この際どうでもよい。なぜなら、今回のテーマは「予想外の文化を消費者が創る」ことにあるからだ。筆者も警備業界に片足を突っ込んでいる以上、やはり「業界側」の視点から逃れられない。

当然ながら、読者の皆様も、「業界人」として本書を読んでいる方であれば、警備業界で常識とされている商略から逃れきれないのではないか。いくら業界人が集まって知恵を絞ったとしても、それでは出てこない発想をもたらすのが消費者である。
バレンタインで製菓業界や百貨店の商略が外れたように、コロナウイルス禍では警備業界の商略が大外れするような展開があることを期待したい。その結果として、警備業の新たな可能性が芽生えたら幸いである。

第132回　元風俗嬢と警備員……セカンドキャリア

（二〇二一年一月一日　第二六四号掲載）

「新卒採用したいのに、応募がない」という警備業者の嘆きを、筆者は幾度となく耳にしてきた。学校へ求人票を送っても手ごたえがなく、結局はハローワークの中途採用で警備員を確保しているのが実情であるという。

新進気鋭の若手が欲しいという気持ちは、筆者もよく理解できる。若い警備員が凛々しく警備業務を遂行していれば、「私も警備員になりたい」という若者が次々と現れるだろう。新卒者に魅力を感じてもらえる業界には、明るい未来がある。

一方で、中途採用にもメリットがある。もちろん、解雇や倒産の憂き目にあって意気消沈している人もいるだろうが、前職の失敗を挽回するべく意気込む人もいる。前職では発揮できなかった実力を、警備業で発揮できる人もいるはずだ。

また、元アスリートであれば体力もあるし、チームワークに長けた人が多いのではないか。すでに「セカンドキャリア」という言葉もすっかり定着しているが、警備業界で新たなキャリアを築いてもらえたらお互いに幸せになれる。

ちなみに、二〇一八年のプロ野球トライアウト会場には、大阪の警備業者「日本パナユーズ」の藤本典志代表取締役社長（当時）が来ていた。藤本はラグビー選手として社会人チームでプレーし、三〇歳手前で戦力外通告を受けた経験がある。そのため、「セカンドキャリアに恵まれた分、行き場を失った選手をなんとかしたいという気持ちがあって、ここに来ました。警備会社の社員としては、元野球選手の元気の良さ、ルールを守る姿勢に期待したい」と述べている（NEWSポストセブン二〇一八年一二月四日七時〇〇分配信）。

このように、元アスリートに体力やルール遵守の姿勢を期待する動きもあるが、考慮しなければならないのは、変則的な勤務時間である。警備業の場合、基本的に二四時間体制の年中無休だ。昼夜逆転の不規則な生活に耐えられずに離職するケースも少なくない。裏を返せば、規則的な生活を求めない人が、警備業界に居心地の良さを感じ、長続きする可能性はある。

そこで筆者が注目しているのは「元風俗嬢」である。誤解のないように断言しておくが、性的なサービスの経験と警備業務を関連づける意図はない。また、「警備なでしこ」として活躍する女性警備員に性的な要素を期待するわけでもない。注目しているのは、「働き方」の共通性である。

風俗嬢のキャリア支援団体を主宰している角間惇一郎は、風俗嬢には「四〇歳の壁」があると指摘する。四〇歳になると体力の限界に至り、事実上の引退を迫られるのだ（『風俗嬢の見えない孤立』光文社新書、二〇一七年）。

ここで言う「体力」とは、性的サービスに従事する体力であり、日常生活や他の職業の就労に必要な体力ではない。プロ野球選手の大半が四〇歳前後までに選手生命を終えるのと同じく、風俗嬢の多くも四〇歳前後で職業上の体力の限界を迎えるというのだ。

このように、体力ではアスリートと風俗嬢に共通性があるのだが、問題は元風俗嬢という経歴を受け入れてもらえないこと、本人も周囲の人々に知られたくないと思っていることである。そのために、自力で転職できない人が多いのだ。

図132のように、花形の「A」の風俗嬢はわずか一％にすぎない。低収入で福祉支援が必要とさ

れる「C」も二一％いるが、最も多いのは「D」で六〇％である。この「D」のセカンドキャリアを支援しているのが角間の団体だ。

しかし、「就職先が見つかった」と言って、逃げるように夜の世界から出て行ったにもかかわらず、数日から一ヶ月で夜の世界に戻ってしまうケースも多く、支援は思うように進まないようだ。

なぜなら、風俗嬢（特にデリバリーヘルス、以下「デリヘル」）は生活リズムや労働意識が根本的に違うので、昼の仕事に順応できないからだ。すなわち、「一日八時間を週五日、毎日同じ時間に同じ場所へ出勤する」という常識に合わせることが難しいのである。

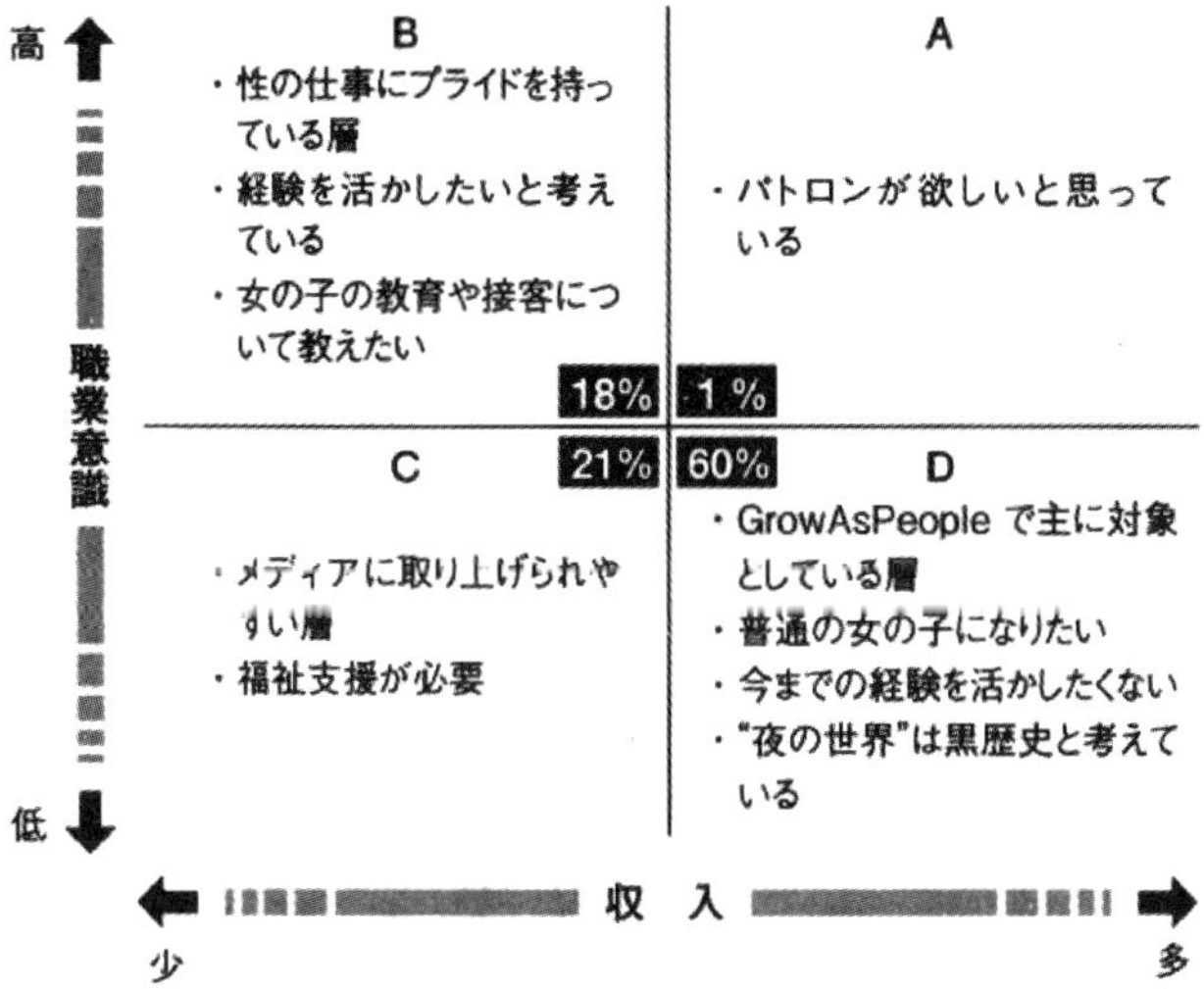
高
低
職業意識
B
・性の仕事にプライドを持っている層
・経験を活かしたいと考えている
・女の子の教育や接客について教えたい
18%
A
・パトロンが欲しいと思っている
1%
C
21%
・メディアに取り上げられやすい層
・福祉支援が必要
D
60%
・GrowAsPeople で主に対象としている層
・普通の女の子になりたい
・今までの経験を活かしたくない
・“夜の世界”は黒歴史と考えている
収入
少
多

●図132：風俗嬢のワークスタイル四パターン

出典：角間前掲書93頁

もちろん、長期契約の施設警備や建築関係の常駐現場では、毎日同じ時間に同じ場所へ出勤することになるので、元風俗嬢には不向きだ。一方で、臨時警備のスポット応援や、施工場所が日替わりになる道路工事の現場は、前職との共通性が高い。

デリヘル嬢であれば、地図を確認して依頼者のもとへ出向く習慣が身についているので、迷わずに現場へ行くことができる。また、依頼者からの無理難題を上手に受け流したり、危険を感じた際に身の安全を確保する方法も心得ているのではないか。

その上で、元風俗嬢にとって重要なのは、「過去を問われないこと」である。警備業法の欠格要件の事由に該当しないことを確認する必要はあるが、それ以上に過去を詮索したり、干渉しなければ、おそらく元風俗嬢にとって居心地の良い環境である。

中途採用の警備員の中には、過去を問われなくない人が少なからず存在する。だからこそ、むやみに過去のことを聞き出さないのが不文律になっているような雰囲気もある。その雰囲気も、元風俗嬢にとって好条件だと考えられる。

ただし、いくら働き方に共通性があるとは言え、個人差もあれば本人の志望の違いもある。風俗嬢を一括りにして「警備員に向いている」と一般化するのは暴論だろうし、給与水準の差なども考慮しなければならない。

それでも、昼の仕事に順応できない人が、まずは臨時警備や日替わりの現場で身体を慣らし、そのうちに警備業界で「やりがい」を感じられるようになれば、いずれ規則的な勤務体系の現場にも入れるようになるかもしれない。

他の業界にあるようでないのが、「不規則な生活リズムから始める」という段階である。その段階がある警備業は、セカンドキャリアの出発点として適しているのではないだろうか。

人手不足と言われる一方で、社会に埋もれている人もいる。その一例として今回は元風俗嬢を挙げたが、それ以外にも発掘すべき人財がたくさんいるはずだ。

※第132回の内容について、紙面掲載後に風俗嬢の再就職問題に詳しいジャーナリスト（筆者の知人）に記事を送ったところ、貴重な意見をいただきました。知人によれば、特にデリヘル嬢は男性客から暴力を振るわれたケースや、無理な性的サービスを強要されているケースが多々あるため、男性が多い警備業界に恐怖心を抱く可能性があるとのことでした。また、デリヘル嬢は自宅待機と事務所待機があり、自宅待機の場合は自分でホテルまで行きますが、事務所待機はドライバーがいて送迎するため、場所を把握するのが苦手なデリヘル嬢もいると思われるとのことでした。

一方で、ドライバーは男性であり、風俗嬢と共通する部分もあるため、警備の仕事に向いている可能性が高いのではないかと考えられるとのことでした。知人の氏名は、本人の希望によりペンネームも含めて匿名としますが、貴重なご意見をいただいたことに、この場を借りて御礼申し上げます。

第133回　リスクが高い日本社会……セカンドチャンス

（二〇二一年一月一五日・二五日合併号　第二六五号掲載）

前回は、前職で不規則な生活をしていた人にとって、警備員はセカンドキャリアになりやすい職業だと述べた。例に挙げたのが「元風俗嬢」だったので、やや突飛な印象を受けた読者が多かったかもしれないが、主題はあくまで「人生のやりなおし」である。

バブル崩壊後、日本的経営の三要素の一つと言われた「終身雇用」が崩壊した。それにより、定年まで同じ会社で勤め上げるという価値観が揺らいだ。とはいえ、積極的な転職なら褒められるが、リストラや倒産による失業は「人生の失敗」とみなされることもある。

一方で、「失敗は成功のもと」と言われるように、人間は失敗を繰り返しながら成長する。むしろ、失敗を経験せずに成功した者は、実力を過信して無謀な決断を下すかもしれないし、高飛車になって嫌われるかもしれない。つまり、人生に失敗は不可欠なのだ。

にもかかわらず、日本では失敗を「悪いこと、恥ずかしいこと」と考えることが多い。そして厄介なのは、失敗から再起するチャンスが充分に与えられていない状況があることだ。すなわち、失敗から成功をつかみ取るチャンスに恵まれていないのである。

日本の労働問題に詳しい社会学者のメアリー・ブリントンは、社会心理学者の山岸俊男との対談で、「日本のほうがアメリカよりリスクが高い」と述べている（『リスクに背を向ける日本人』講談社現代新書、二〇一〇年）。

メアリーは、いわゆる「成功の呪い」に苦しむことになったのが、バブル崩壊後の日本の姿だと指摘する。成功の呪いとは、あるやり方で成功すると、状況が変わっても成功したやり方にしがみついて、結局は大失敗をするということだ（前掲書二四頁）。

成功の呪いは、心理学の「正常性バイアス」に近い考えである。災害に見舞われても「これまで大丈夫だったから、今回も大丈夫だろう」と思い込んで、避難せずに被災してしまうケースがこれにあたる。つまり、過去の経験が邪魔をして、リスクを認識できなくなる状態である。

日本の経済界にとって、高度経済成長を成し遂げたことは成功体験にあたる。その原動力の一つであった終身雇用は、世界に誇る雇用慣行だと認識された。しかし、成功したがゆえに、バブル崩壊で産業構造が変化しても、その変化に対応できなかったのだ。

これについて山岸は、「多くの日本人には、セカンドチャンスがあることが雇用の安定なんだという考え方が全くない」と指摘する（前掲書三六頁）。失業しても容易に次の就職ができれば、安定して「食いつなぐ」ことができる。つまり、失業してもリスクが低いのだ。

しかし、多くの日本人は同じ会社で雇用され続けることが、「良いことで道徳的なこと」だと考えている。裏を返せば、解雇は「悪いことで不道徳なこと」になり、失業者は負のレッテルを貼られたまま、白眼視されてしまうのである。

もちろん、制度上はハローワークが整備されていて、再就職できる仕組みがある。つまり、表向きはセカンドチャンスをつかめることになっている。しかし、多くの求人票には年齢制限や保有資格の要件があり、門戸が閉ざされてしまうのが実態である。

セカンドチャンスをつかみにくい社会は、失業によって人生の破綻に追い込まれるリスクが高い社会であることを意味する。アメリカでは、失業しても容易に再就職ができる。だからこそ、メアリーは日本のほうがアメリカよりもリスクが高いと述べたのだ。

その中で、早くから中途採用に門戸を開き、多くの人々にセカンドチャンスを与えてきたのが警備業である。警備業務は「犯罪や災害のリスクを下げる」ために行うが、警備業は「失業のリスクを下げる」ことにも大きく貢献しているのだ。

メアリーは、セカンドチャンスがある労働市場をつくるという山岸の考え方に賛成している。

しかし、終身雇用こそが雇用の安定なのだという考え方から抜け出すには、まだ多少の時間が必要だと述べている（前掲書三七頁）。

ここで考えたいのは、「多少の時間」とはどれくらいなのか、ということだ。同書が出版されたのは約一〇年前である。また、現在の日本社会はバブル崩壊から約三〇年を経ている。

もちろん、社会の変化は物理現象のように厳密に計算して、どのくらいの時間で変化が生じ、推移していくのかを明らかにすることは難しい。それでも、約三〇年と言えば、バブル崩壊の時期に二二歳で就職した人が五二歳になり、会社の上層部になっているほどの時間を経たことになる。そろ

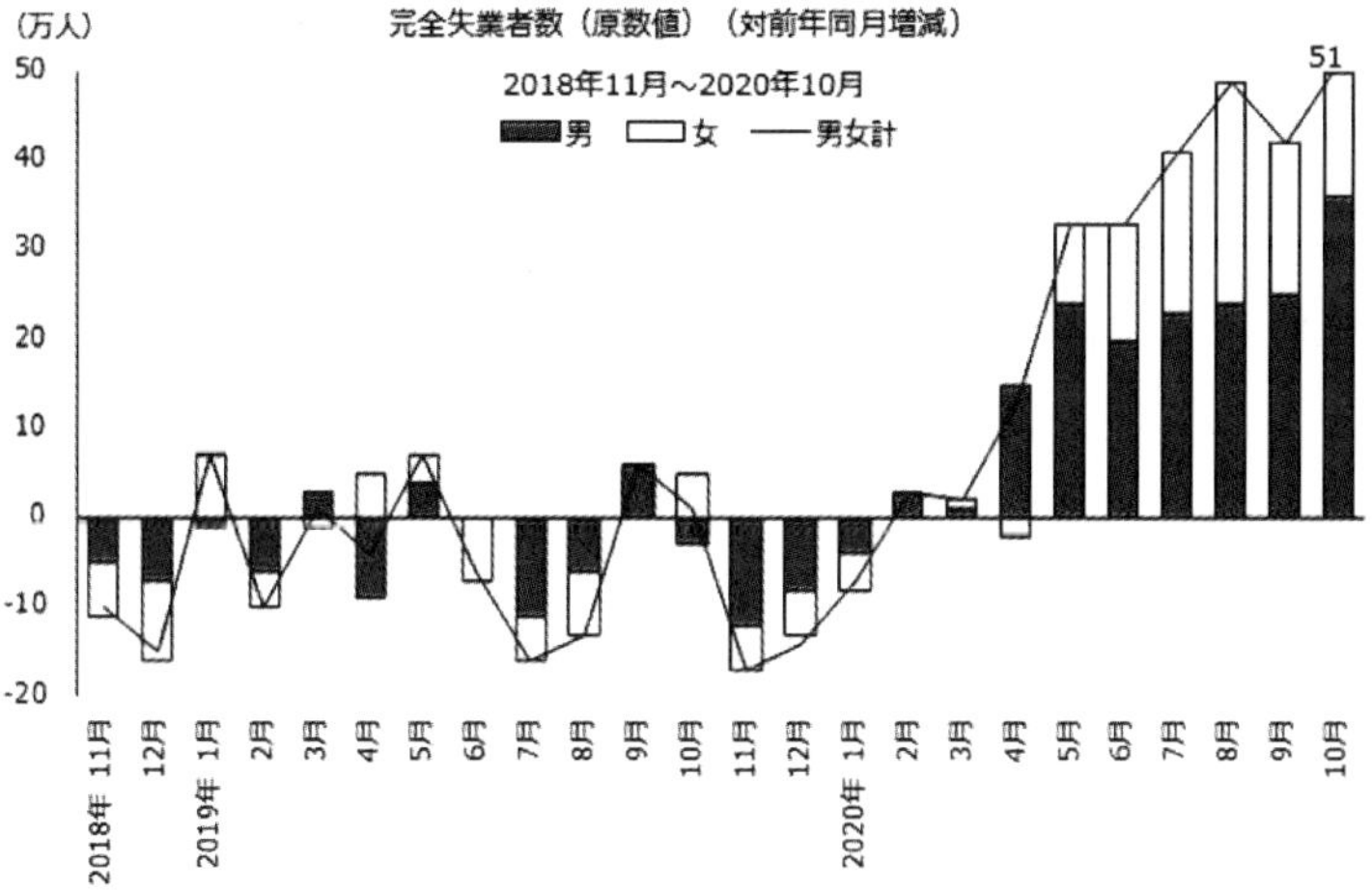

●図 133：完全失業者数

出典：（独）労働政策研究・研修機構 HP（https://www.jil.go.jp/kokunai/statistics/covid－19/c03.html）

そろ、日本人の考え方が変わってもよい頃ではないか。

昨今はコロナウイルス禍によって、急激に考え方を変える必要に迫られているが、旧態依然とした考え方にしがみつく人も少なくない。もちろん、各業界の老舗であれば、長年にわたって守り続けてきた企業理念や、伝承してきた技術がある。それを「変えろ、手放せ」と言うのは暴論である。

そうではなく、守るべきものは守りつつ、社会の変化を冷静に把握して柔軟に適応していく姿勢が求められているのだ。コロナウイルス禍で失業者が増えると見込まれているが、雇用を継続するだけではなく、いかに失業者にセカンドチャンスを与えられるかが問われている。

この時世に、警備業が培ってきた中途採用のノウハウで、多くの失業者を救うことができるのではないだろうか。

※元法務教官で犯罪社会学者の津富宏は、二〇〇九年に少年院出院者の社会復帰を支援する団体「セカンドチャンス！」を立ち上げています。また、津富は二〇一三年に河野荘子との共監訳で、イギリスの犯罪学者シャッド・マルナの『犯罪からの離脱と「人生のやり直し」』（明石書店）を刊行しています。
「元犯罪者」を警備員として雇用する場合は、警備業法第三条の欠格要件の事由に該当しないよ

う留意しなければなりませんが、社会復帰のセカンドチャンスに警備業が寄与できれば、大きな
セーフティネットになると考えられます。

第134回　新卒の警備員が集まらない理由……学校と企業

（二〇二一年二月五日　第二六六号掲載）

前回は、メアリー・ブリントンと山岸俊男との対談から、日本はセカンドチャンスをつかみにくい社会だと述べた（『リスクに背を向ける日本人』講談社現代新書、二〇一〇年）。その上で、警備業の中途採用のノウハウが活かせるのではないかと指摘した。

一方で、警備業界には「新卒採用したいのに、応募がない」という実情もある。その理由を考えるヒントも、メアリーと山岸の対談に含まれている。メアリーは、自身が行った高校の調査結果に基づいて、次のように見解を述べている。

まず、これまでの日本では、学校と企業の関係が密接だったので、高校生が就職した後も、本

業生の労働条件や待遇などについて学校側が目を光らせていた。そのために、若者の労働条件が一定の水準で保たれていたのである。

しかし、学校と企業の関係が崩壊し、高校生が学校を介さないで就職することが増えた。その中には、アルバイトからそのまま正社員になるケースも含まれている。そうなると、学校は卒業生の労働実態を把握することができず、若者が不当に搾取されるリスクも高くなる。

この指摘に山岸は、これまでの日本は学校と企業の結びつきが安定した雇用を提供してきたと賛同している。同時に、そのことによって生徒は、学校で真面目に取り組むことがインセンティブになっていたと述べている。

ところが、このような仕組みが崩壊したときに、日本の問題点が露呈する。新しい仕組みをどう作るかに頭がまわらず、古い仕組みに戻そうとするのだ。その結果、ますます新しい仕組みが作れなくなり、悪循環に陥ってしまうのだという（前掲書三七－四一頁）。

これらの指摘が妥当であれば、高校新卒の警備員を確保できない理由を次のように説明できる。

まず、進路指導の教諭が警備業を知らないので、警備員に向いている生徒を見つけられない。さらに、求人票に記載されている労働条件などの情報だけを見るので、他の業界と比べて条件が悪いと思えば、その時点で生徒に「警備業はやめておけ」と言ってしまう可能性がある。

一方で、生徒も学校を介さずに就職を決める場合、アルバイト先などの身近な職業をイメージしやすい。そうなると、高校生アルバイトを受け入れられない警備業は、就職先の候補から漏れやすくなる（警備業法第一四条の規定により、一八歳未満の者は警備員になることができない）。もし、進路指導の教諭が警備業を勧めても、「いえ、自分で他に決めました」と言われたら、それ以上は介入できない。さらに図134のように、一八歳人口が減少すると同時に、大学や専門学校への進学率が上昇しているので、警備業への就職を希望する高校生の実数も少ない。

にもかかわらず、学校と企業の関係が密接だった頃の仕組みに戻そうとして、うまくできずに空回りを続けていれば、いつまでも「新卒採用したいのに、応募がない」という嘆きを繰り返すことになる。

それでは、大学や専門学校はどうか。正直、専門学校の実態には詳しくないので、今回は大学の実情を説明しながら考えてみたい。ただし、工学部などの技術系分野であれば、大手警備業者の技術職もあるが、今回は警備職に特化して話を進めよう。

筆者が最も痛手だと感じるのは、大学の授業期間が定期試験期間も含めて「半期一六週」になったことだ（ただし、一回九〇分授業の場合）。約二〇年前に筆者が大学生だった頃は、「半期一三週」で大学の授業が行われていた。つまり、半期で三週間分、年間では六週間分も授業期間が伸長したのである。

その結果、夏休みの期間が半減した。かつては七月下旬から九月末まで夏休みだったが、現在

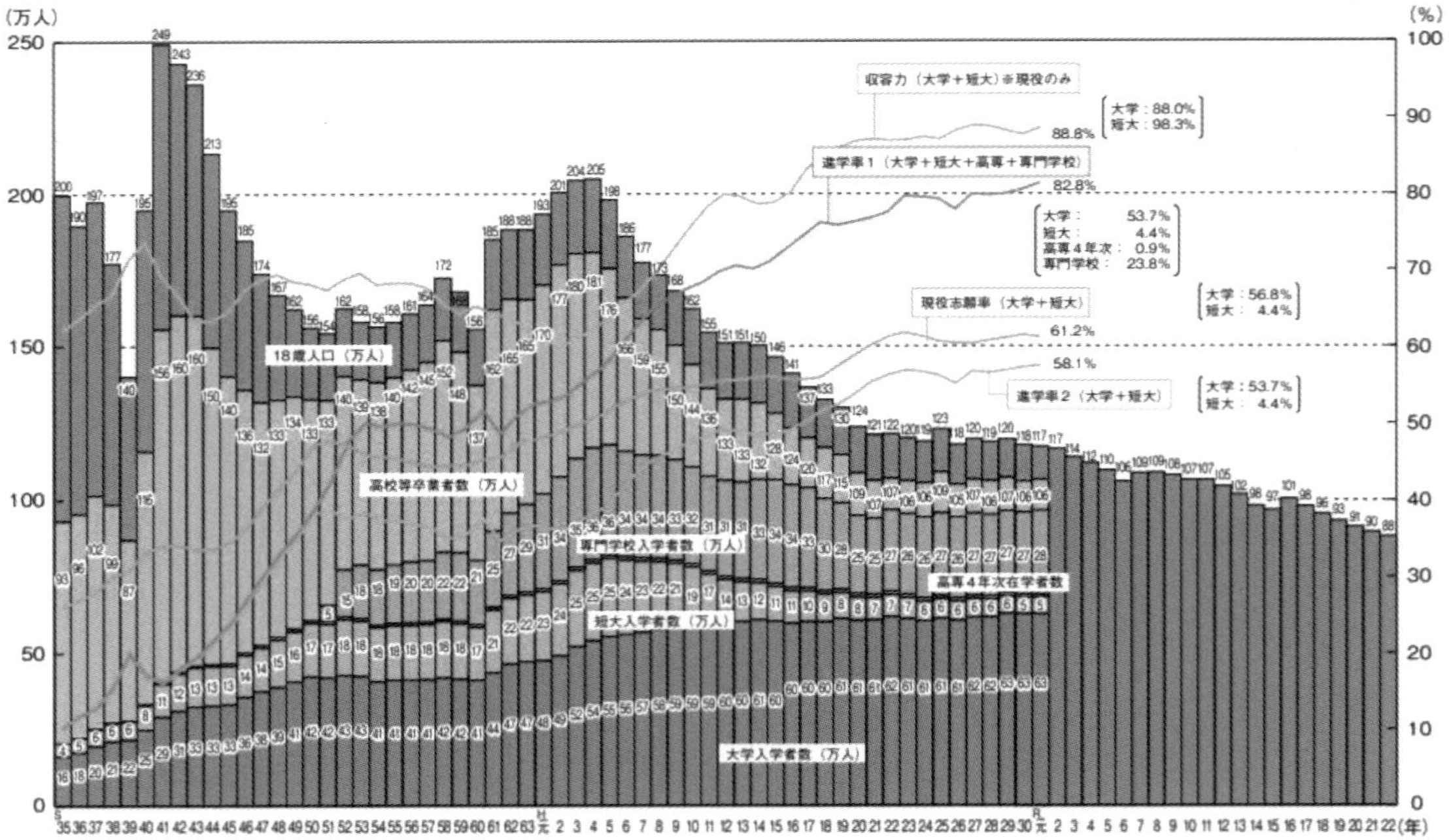

●図 134：18 歳人口と高等教育機関への進学率等の推移

出典：『文部科学白書（令和元年度版）』189 頁

は八月のお盆休み前まで前期授業があり、後期授業は九月中旬に始まる。つまり、現在の夏休み期間は約一ヶ月である。さらに、学外実習などの集中講義が、約一ヶ月の期間で立て続けに組まれるようになる。

そうなると、警備員として就業できる日数は大きく制限される。また、七月末から八月上旬にかけて前期の定期試験やレポートに追われるので、同時期に開催される夏祭りや花火大会などのイベント警備に動員できない。

そのため、学生時代にアルバイトで警備員になり、やりがいを感じてそのまま就職するというパターンが少なくなる。いわゆる「アルバイトからの成り上がり」で若手の警備員を確保することが困難になったのだ。

もう一つの痛手は、警備業務が危険を伴う業種に位置づけられていることである。そのために、インターンシップの学生を警備の現場へ出すことができない。一部の大手警備業者では学生を受け入れているが、基本的には事務部門である。

大学としては、死傷事故のリスクがある業種へ学生を送り出すわけにはいかない。事故の責任を負いきれないからだ。また、警備業者側も、学生に警備員の新任教育を行ったら、それだけでインターン期間をほとんど消化してしまうので、メリットがない。

このように、警備業と学校は相性が悪いのである。他の業界と比べて、学生に警備業の魅力を伝えづらいので、新卒の就活市場で不利になってしまうのだ。近年は経済界で「新卒一括採用をやめるべきだ」という意見も出ているが、実現すれば警備業にとって朗報になるかもしれない。

第135回　競技者への「まなざし」は規制できるか……性的画像問題

（二〇二一年二月一五日・二五日合併号　第二六七号掲載）

二〇二〇年一一月一三日に、日本オリンピック委員会（ＪＯＣ）とスポーツ関連七団体は、競技者に対する性的な動画像の撮影・流布防止を訴える声明文を発表した。主に女性競技者の胸部や臀部などをフォーカスした撮影ならびにＳＮＳへの投稿事案が横行していたからだ。

競技によって被害の程度は異なるが、陸上競技やバレーボールなどの肌の露出が多い競技や、体操競技やフィギュアスケートなどの華美な衣装を着用する競技では、被害を受けやすい傾向があるようだ。

撮影の対象になるのは、プロの競技者からアマチュアの学生競技者まで幅広い。とある陸上ジュニア大会では、撮影をめぐり保護者と撮影者の揉め事に発展し、警察官約一〇名が撮影者を連行する事態となった。

しかし、撮影を規制する法的根拠がないため、一部の撮影者は翌日も会場に来ていたという。大会関係者も対策が追いつかず、泣き寝入りを強いられているのが実情のようだ（47ＮＥＷＳ二〇二〇年一〇月二九日八時三一分配信）。

一部の競技では「申請制」を導入し、申請していない者は撮影できないようにしている。それでも、スマートフォンや小型カメラなどを使われる可能性がある。法務省は「盗撮罪」の創設を議論しているが、冤罪を生む危険性なども考えると課題は多い。

この問題について、読者の皆様はどのように考えるだろうか。競技場の入場口で手荷物検査を行うとしても、荷物を隈なく検索してスマホやカメラなどを預かるのは限界がある。また、撮影された動画像をすべて確認するのも困難である。

そこで筆者は、仙台大学大学院で担当している「スポーツセキュリティ論演習」という授業で、この問題について受講生三名と議論した。いずれもスポーツ科学を専攻する院生なので、警備以外の視点も含め、スポーツ活動の実情を語ってくれた。

まず、撮影の一律禁止については、否定的な意見が出された。特にマイナースポーツの場合、競技の人気を上げるための戦略として、撮影はやむを得ないという。競技の動画像がＳＮＳで拡散され、魅力が伝われば、競技人口や観客数の増加が見込めるからだ。

また、プロスポーツの場合は、競技者自身が広告塔なので、容姿の美しさも含めて撮影されることに意義があるという。規制強化によって観客数が減少すれば、チケット収入やスポンサー料の減少に直結するので、主催者としては慎重にならざるを得ない。

ただし、学生主体のアマチュアスポーツであれば、規制を厳しくすべきという意見もあった。メディアが入る大会でも、撮影者の人数を制限して記名させれば、仮に性的な動画像が流布しても撮影者を特定できる可能性が高い。その上で、悪質な場合は出入禁止にすればよいという考えだ。

しかし、アマチュアスポーツほど、規制が難しい。スタッフの人数が少なく、警備員を配置する予算もないからだ。さらに、「アマチュア」の概念を拡大すると、小中学校の運動会も規制対象になる。我が子の成長記録を撮影するために運動会でカメラを構えたら、持込禁止品としてカメラを没収されたり、退場を命じられるかもしれない。おそらく、規制に納得しない保護者が続出するだろう。

それならば、服装のデザインを地味にしたり、肌の露出を少なくするのはどうか。これについては、全会一致で「服装を変えるべきではない」という意見だった。やはり、服装は競技の特性にあわせた機能性が重要視されているからだ。

競技の特性にあわない服装によって、傷害のリスクが高まったり、記録更新ができなくなると本末転倒である。それに、スポーツウェアのメーカーや販売店も大打撃を被ることになる。つまり、規制強化でスポーツ界が得をすることはないのだ。

だからこそ、性的画像問題では警備による解決策が切望される。筆者の一案として、申告制を導入した上で、現認に慣れている警備員が、ウェアラブルカメラを装備して競技場の客席や外周を巡回する解決策がある。

申告せずに隠れて撮影を試みている人を警備員が発見し、撮影を現認したところで声をかける。そして、撮影した動画像を確認する。その内容が性的とは言えないものであっても、「無申告での撮影は認められません」と消去させることができる。

また、「撮影していない」と居直られても、ウェアラブルカメラの映像が証拠になるので、「このように、撮影しようとした姿が記録されています」と言うことができる。このような警備員が数名いるだけでも、「見せる警備」として抑止力になるだろう。

「見せる警備」の場合は制服警備を想定しているが、常習者を捕捉して出禁にするのであれば、私服の保安警備のスキルが生かせるのではないか。店舗と競技場では勝手が異なるかもしれないが、現認の正確さを期待できる。

以上が筆者なりに考えた解決策だが、これが実現可能なのか、他に優れた解決策があるのか、ぜひ読者の皆様から情報をいただけるとありがたい。

その情報をもとに次年度の授業で院生たちと再検討して、「スポーツ界と警備業界の両方にプラスになる解決策」が見出せればよいと考えている。もっとも、次年度の授業時には「もう性的画像問題は解決済みです」と言える状況になるのが最も望ましいのだが。

第136回　警備員A氏の反発……マスクと日本人

（二〇二一年三月五日　第二六八号掲載）

コロナウイルス禍になり、鍵、財布、スマホと並んで、外出の必須アイテムとなったのがマスクである。たまにマスク着用を拒否してトラブルになる人の話題も報じられるが、大半の人が年間を通じてマスクを着用している。

コロナウイルス禍になる以前は、冬場のインフルエンザ対策や、春の花粉症対策でマスクを着用することはあっても、真夏の炎天下でマスクを着用する人は少なかった。また、「サングラスにマスク」は不審者イメージの定番でもある。現代版の「口裂け女」もマスクで口元を隠している。

それが現在では、マスクの「怪しい」イメージは払拭され、清潔感や意識の高さ、さらにはデザインで個性を表現するためのアイテムとして、マスクは受け入れられている。冷静に考えれば、驚嘆すべきことではないか。

社会学者の堀井光俊は、「日本人はなぜマスクを着けるのか？」という疑問から、二〇一二年に『マスクと日本人』（秀明出版会）を出版した。堀井はイギリス在住だが、イギリスでは日本よりも花粉症や感染症の歴史が長いにもかかわらず、マスク姿の人を見かけることはなかったという。

イギリスの場合、基本的に内服薬で症状を抑え、咳やくしゃみをするときはハンカチで口元を覆うのが一般的だ。このスタイルの違いはコロナウイルス禍で一変したかもしれないが、堀井は、マスク着用の有無は科学の問題ではなく、文化の問題だと述べている（前掲書一〇頁）。

それでは、マスクはいつ頃から日本で使われ始め、受容されていったのだろうか。堀井によれば、江戸時代末期には銀山で防塵マスクが使用され、明治時代には医療現場でも着用されていたが、現在のマスクに直結するのは大正時代だという。

その大正時代の出来事こそ、「スペイン風邪」の流行であった。その予防品として注目されたのがマスクだったわけだが、明治から大正にかけて、日本人の病気観が大きく転換していった背景もある。

私たちは「風邪をひく」と言うが、江戸時代までは「風」と書かれていた。当時は自然界に吹く「風」と同じ現象が体内で発生していると考えられていた。その名残で、風邪を「カゼ」と読む。明治時代には、風とは別の現象が体内で発生していると考えられるようになったが、当時の衛生局がマスク着用を啓蒙する際に「風の神」のキャラクターを用いるなど、「風」と「風邪」を折衷していた。

そのような背景から、堀井は「マスクは近代的な響きを持ちながらも、伝統的な身体観や疾病観と共存できたからこそ、日本社会に浸透したのではないだろうか」と述べている（前掲書一五頁）。

それ以降の社会学的な考察は同書を参照していただくとして、ここからは「マスクと警備員」について考えてみたい。実は筆者自身も、警備員時代にマスク着用をめぐる論争に巻き込まれたことがある。

とある施設警備の現場に、普段は道路工事の交通誘導を担当している警備員A氏が来た。臨時の欠員補充である。ちなみに、当時は業務別教育ではなく、二号業務（交通誘導）の警備員が一号業務（施設）の現場をそのまま担当できる状態だった。

A氏は、「俺は普段から勤務中にマスクを着用している」と言い、マスク姿で立哨の配置に出ようとして、班長に止められた。「この現場ではマスク着用は認められていないから、外すように」という指示である。

その指示にA氏は反発した。A氏の主張は、①マスクは埃やウイルスの吸引を防ぐから健康に良い、②保温効果があるので風邪をひかない、③飛沫や口臭の拡散防止になるから周囲の人のためになる、という内容だった。

これらの主張に対して、班長は「ここは施設警備の現場であり、身だしなみが重要視されている」と反論した。つまり、マスクは身だしなみを乱すアイテムであり、着用しない姿が正しいと考えていたのだ。

結果的に、Ａ氏は渋々マスクを外して勤務したが、その現場を担当したのはこの日が最初で最後であった。班長がＡ氏を出禁にしたのか、それともＡ氏が現場を嫌がったのか、たまたま一回だけの勤務であったのかは不明である。いずれにせよ、当時の筆者は班長支持であり、Ａ氏の主張を理解しがたいと感じた。

ところが、コロナウイルス禍でマスクの効果が検証されている昨今、Ａ氏の主張は的を射ていたのではないかと思うようになった。特に「③」については、まさに感染予防の鉄則として、マスク着用を徹底する論拠となっている。

かつて東京メガネのＣＭで「メガネは顔の一部です」というフレーズがあったが、現在では「マスクは顔の一部です」になった。これも時代の変化である。

そうなると、次に気になるのは、柄や素材などの条件である。「華美でないもの」という条件がある場合、「華美」と「華美でない」の境界線はどこなのか。

白地の不織布マスクなら問題ないだろうが、カラフルな布マスクはどうか。ロゴマークやキャラクターがプリントされたマスクはどうか。考え出すとキリがない。学校の校則のように、マスクの条件を指定することになるのだろうか。もっとも、校則も合理性がない場合は「ブラック校則」として問題視されるようになったので、議論の余地があるだろう。

また、巡回などの業務では「警備員の五感」で異常の有無を判断するが、マスクによって嗅覚が鈍くならないかも気になる。どうやら、「マスクと警備員」というテーマは奥が深そうだ。

※余談ですが、筆者の出身高校には、女子生徒が髪をまとめる際に、リボンを使用するよう指定する校則がありました（現存するかどうかは不明です）。そのため、カチューシャ、ヘアピン、ヘアゴムなどの使用はすべて校則違反になりますが、実際には教諭が取締ることはありませんでした。このように、意図がわからない校則は有形無実になります。
多くの警備業者で髪型や装飾品について規定していると思いますが、禁止する場合は「なぜ禁止しているのか」を警備員に説明できるような対応が必要だと思います。筆者が在籍していた警備業者では、例えば「ピアス禁止」について、「暴漢に耳を掴まれ、引っ張られた場合に、耳に裂傷を負う危険性があるから」という明確な説明があり、納得したことを記憶しています。このような説明が、警備業者と警備員との信頼関係を築くことになります。

第137回　在宅勤務が苦痛になるとき……第三空間

（二〇二一年三月一五日・二五日合併号　第二六九号掲載）

前回は、コロナウイルス禍でマスク着用が一般化したことに注目したが、今回は「在宅勤務」（テレワーク）に注目しよう。コロナウイルス禍の前は、在宅勤務をする人は珍しく、一部の業種や職種に限られていた。

それが、感染防止を目的として推奨されるようになり、現在では在宅勤務を珍しく思う人は少なくなったのではないか。在宅勤務であれば、「痛勤」と揶揄されたラッシュ時の通勤をしなくてよい、家族に働いている姿を見せられるなど、メリットも多い。

一方で、在宅勤務で疲弊する人もいる。飼い猫などのペットに作業を妨害されるストレスもあるが、看過できないのは移動しないことによる精神的な疲労感である。体力的には楽なはずの在宅勤務で、なぜ人は苦痛を感じるのだろうか。

その答えを導くヒントになるのは、社会学者の磯村英一が提示した「第三空間」である（『人間にとって都市とは何か』日本放送出版協会、一九六八年）。半世紀以上も前の学説だが、色褪せることとなく、現在の都市部の生活を描き出してくれる。

磯村によれば、都市の人間は毎日三つの異なった空間の中で生活するという。第一空間は住居を中心にした家庭の空間であり、生活空間と言われる。第二空間は仕事を中心にした職場の空間であり、生産空間と言われる。この二つの空間が分かれていることが、都市生活の前提となる。

現在でも、商店や作業場に自宅を併設している人はいるが、かつては大半の人が職住一体の生活をしていた。それが都市化が進むにつれて、生活空間の中に混在していた職業の機能が分離し、家庭から職場へ通勤するライフスタイルが都市部で普及していく。

そこで登場したのが、レクリエーションや通勤移動のための空間であり、それを第三空間という。その上で、磯村は第三空間を図137のように、レクリエーションを楽しむ積極的な空間と、通勤移動のためだけの消極的な空間に分けている。

ここで重要なのは、第三空間は職場周辺にあろうと、郊外の住宅（自宅）地域にあろうと、地元的・職場的な人間関係とはかけ離れた状態にあることだ。つまり、家庭と職場の両方のしがらみから逃れて、自分なりの楽しみ方をできる空間である。

例えば、仕事終わりに繁華街へ行って買物をしたり、カフェや居酒屋で一息ついて帰宅する場合、「繁華街」「カフェ」「居酒屋」はレクリエーションを楽しむ空間なので、積極的な第三空間になる。

また、通勤中の電車やバスの車内でも、音楽鑑賞や読書、映画などの動画を視聴していれば、移動目的の消極的な第三空間であっても、自分なりの楽しみ方をしていることになる。在宅勤務になると、このような第三空間を喪失してしまうのだ。

さらに、在宅勤務の場合、第一空間（自宅）と第二空間（職場）が一体となっているので、都市の生活様式に慣れた人からすれば、強い違和感を覚える。その状態で第三空間をも喪失すると、違和感を拭い去る機会がないのだ。その結果、精神的な疲労感が増すのである。

厄介なことに、在宅勤務の場合、第一空間を取り巻いている地域的な空間（「D」の地域社会）から逃れることもできない。そのため、町内会の活動などの地域住民としての役割も担い続けることになる。通勤があれば「平日は出勤、休日は町内会」などと活動を区切りやすいが、在宅勤務だと区切りがなくなり、気持ちの切り替えも難しくなる。それだけに、気分転換の機会がなく、精神的な疲労感がさらに増していくおそれもある。

ちなみに、コロナウイルス禍で苦境に陥っている業界として、よく挙がるのは観光業と飲食業である。これら

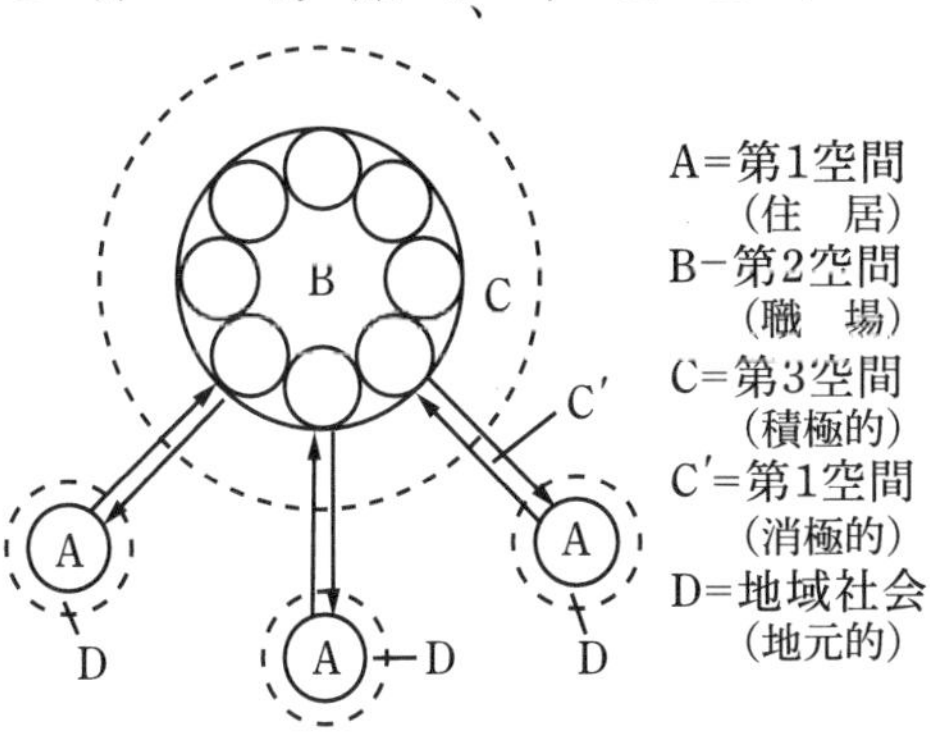

●図137：都市の生活空間
出典：磯村前掲書55頁

の業界が提供する空間は、積極的な第三空間の典型例であり、気分転換のためのサービスを提供する業界だ。しかし、在宅勤務の普及により、第三空間を喪失する人が多くなったことで、急激に観光業と飲食業の需要が低下したのである。

もちろん、観光業の場合、家族旅行であれば第一空間の延長、仕事の出張であれば第二空間の延長ではある。それでも、前者の場合はレクリエーションが目的になるし、後者の場合も誰にも邪魔されない個人の空間を楽しむことができる。

飲食業の場合は、会社の忘年会などの「公式」な行事であれば第二空間の延長かもしれないが、気心の知れた同僚と仕事の愚痴や私的な話題で盛り上がれば、「非公式」の飲み会として第三空間になる。ところが、在宅が続くと、宅配サービスで食品を入手することはできても、第三空間は得られないのだ。

そこで気になるのが、警備業務ごとの需要変動である。第一空間にはホームセキュリティ、第二空間には主に施設警備、第三空間には主に雑踏警備が対応してきた。各種のイベント中止や街中の人出の減少で、雑踏警備の需要が減少したことは想定できる。

一方で、ホームセキュリティと施設警備の需要がどのように変動しているのか、なかなか実態を把握できないので、想定が難しいのだ。数ヶ月後には数値で傾向を確認できるようになるだろうが、それよりも現場レベルの需要の変化に興味がある。

警備員はエッセンシャル・ワーカーと言われているが、警備員自身が現場で何を体験し、どのように感じたのかを知りたい。よく景気の動向をタクシー運転手に尋ねるが、それと同じように警備員も現場レベルの需要の変化を敏感に感じ取っているのではないか。

磯村は、東京や大阪などの都心のオフィス街を「守衛の地区」と呼んでいる。昼間の職場だけの空間であり、夜間は守衛が専門に働く空間だからだ（前掲書五八頁）。

言うまでもなく、現在は守衛の役割を警備員が担っているわけだが、半世紀以上も前の学説が輝きを増すのか、それとも陳腐な空論になるのかは、現場の実態にかかっている。

※連載では本文の通り「数ヶ月後には数値で傾向を確認できるようになるだろう」と書きましたが、本書の加筆修正作業時点（二〇二二年一一月）でも数値で確認するのは難しい状態です。二〇二一（令和三）年の「警備業の概況」では、施設警備と機械警備の警備業者数は、前年と比べて施設警備で二〇社、機械警備で七社減少していますが、コロナウイルス禍の影響と相関するのか、それとも誤差の範囲なのかを実証することはできません。特に、機械警備業務を実施している警備業者数は、二〇一八（平成三〇）年から減少が続いており、コロナウイルス禍とは無関係に減少していると考えられます。

第138回　周囲からの「まなざし」は有効か……世間体

（二〇二一年四月五日・一五日合併号　第二七〇号掲載）

第135回において、競技者に対する性的な動画像の撮影・流布の問題を取り上げたところ、とある読者から次のような反応があった。

「こういう恥ずかしい行為をする人は、世間体を気にしないのでしょうか」。

その読者が言いたいのは、性的な動画像を撮影すること自体が恥ずかしい行為だから、普通は世間体を気にして控えるはずなのに、それを人前でやってしまう心理が理解できない、ということだ。これは奥が深い問題提起である。

性的な動画像を常習的に盗撮したり、更衣室などの「のぞき」を繰り返す場合は、窃視障害（旧名：窃視症）の可能性がある。本人も悪いと思いながら、性的な衝動を制御できない状態に陥っているので、性依存症と診断されて治療の対象になる。

ただし、その読者は性依存症の対処を問題視しているのではない。医学上は正常であるにもかかわらず、不適切な行為を繰り返すことを問題視しているのだ。そうなると、「世間」や「世間体」とは何かを考える必要がある。

よく「世間に顔向けができない」とか、「世間体が悪い」などと言うが、「世間」や「世間体」は翻訳が難しい日本語である。ためにし、和英辞典で「世間体」を調べてみると、「appearances」や「public decency」が出てくる。

しかし、「appearances」は「出現。会合などに出席すること」の複数形である。また、「decency」は「見苦しくない。礼儀正しい」の意味であり、それに「public」が付いて「世間体」と訳される。つまり、「世間体」を的確に表す英単語は存在しないのだ。

歴史学者の阿部謹也は、かつての日本には「社会」という概念はなく、「世間」が存在してきたと述べている（『「世間」とは何か』講談社現代新書、一九九五年）。「社会」と「世間」は似て非なるものという考えだ。なお、阿部は同書以外にも多くの著作で「世間」を論じているので、興味があればご一読いただきたい。

とはいえ、本連載で注目したいのは、歴史的な背景よりも、「世間」が人々の行為にどのような影響を与えるか、という視点である。そこで、社会心理学者の井上忠司の著書『「世間体」の構造』（日本放送協会、一九七七年）を参照しよう。

井上によれば、日本人の社会的規範の基本は、「世間」に準拠して、「はずかしくない行動」をすることであった。西洋人は唯一絶対神（超越者）を信じていて、いつも神に見られている意識をもち、自己規制してきた（前掲書一八二頁）。

しかし、日本人には唯一絶対神がない（「八百万の神々」という考え）。そのため、普遍的な価値基準もないので、「世間」の規準から自分が逸脱しないように、世間と自分のズレを微修正しながら生きてきた。それが「世間なみ」に生きることだ。

そうなると、日本人は「世間」の人たちの「まなざし」（世間の眼）を敏感に察知しながら、強い自己規制をはたらかせるようになる。同時に、「世間」の規準から逸脱している人に対して、きびしい「まなざし」を向けるのだ。

もちろん、「お天道様が見ている」という語はあるが、この「お天道様」は「太陽」の意味だけではなく、「誰かの視線」を含む。だからこそ、「夜はお天道様が見てないから悪事をしても構わない」ではなく、「誰かがあなたを見ているから、悪事はやめましょう」となる。

ところが、問題は「誰か」の正体である。「世間」は仏教用語が原義だが、日常的には「人が集まり、生活している場」や「人々との交わり。また、その交わりの範囲」として認識されている（『大辞泉』デジタル版）。

そのため、自分が生活している場（家族や近所の住民など）にいる人々の視線や、交わりのある人々は「気にすべき誰か」となる。裏を返せば、自分の生活の場ではない場所の人々や、交わりがない無関係の人々は、「どうでもいい誰か」になる（井上前掲書一八五頁）。

例えば、「旅の恥はかき捨て」は、日常生活では控えるような恥ずかしい言動を、旅先でしてしまうことを意味する。旅先にいる人々は、自分の生活の場で交わることがない「どうでもいい誰か」なので、恥ずかしい言動をしても平気でいられるのだ。

このように、日本人は「世間」を常に意識しながら、「自分の世間」から外れると自己規制が効かなくなるというのが、日本人論の定説的な見方となっている。この見方を踏まえると、競技場で性的な動画像を撮影する行為は次のように言える。

「競技場は生活の場ではなく、そこにいる人々と交わることもないので、恥ずかしい行為をしても平気でいられる」。つまり、「世間」を気にしていないので、自己規制が効かない状態である。

誠に残念ですが、勤務中は撮影に応じられません
いや…被写体はお前じゃない！

●図138：撮影に介入する警備員？
出典：「イラストAC」フリー素材を使用して筆者作成

これでは、撮影者に対して「世間体が悪いですよ」と進言しても効果は期待できない。また、周囲の観客が撮影者を白眼視しても、「どうでもいい誰か」からの「まなざし」を意に介することもないのだ。

撮影者の行為を制止するのであれば、積極的に介入する役回りの人が必要になる。その役回りは大会関係者でも構わないのだが、大会運営で忙しく、撮影者の対応に手が回らないときは、警備員が登場するしかない。

警備員は、意図的に「まなざし」を生み出す役割を担い、積極的に撮影者と交わって、撮影者の世間に割り込む存在なのだ。

第139回　クソどうでもいい警備業務……ブルシット・ジョブ

（二〇二一年四月二五日　第二七一号掲載）

筆者は「話題の書＝良書」だとは考えていない。読んでみて肩透かしを食らった書籍は幾多もある。しかし、久々に「読んでよかった」と思った話題の書が、アメリカの人類学者デヴィッド・グレーバーが著した『ブルシット・ジョブ』（酒井隆史ほか訳、岩波書店、二〇二〇年）である。

ブルシット・ジョブとは、端的に言えば「クソどうでもいい仕事」（無意味な仕事）であり、表139のように五つの類型がある。いずれも、やりがいを感じられず、無意味な時間と労力を費やす仕事である。

皮肉なことに、ブルシット・ジョブの多くは実入りがよく、優良な労働条件のもとにある。一方で、社会に益する仕事であるにもかかわらず、労働者への報酬や処遇がぞんざいな仕事もある。こちらは「シット・ジョブ」（割に合わない仕事）にあたる（前掲書三三頁）。

このように、ブルシット・ジョブとシット・ジョブは正反対であり、混同してはならない。「どちらをやりたいか？」と訊かれたとき、やりがいよりも厚遇を求めるならブルシット・ジョブ、冷遇されていても社会に役立つ仕事を求めるならシット・ジョブを選ぶことになる。

それでは、警備業務はどちらに該当するのか。昨今は警備員を「エッセンシャル・ワーカー」とみなし、警備業務の重要性を認める風潮がある。しかし、警備員の労務単価は、上昇傾向にあるとはいえ、全職種平均を下回っているのが実状だ。

すなわち、警備業務は「社会に役立つ仕事」であるにもかかわらず、警備員は冷遇されているのだ。その観点では、警備業務はシット・ジョブに該当する。ところが、前掲書一三四頁には、国際的な大手警備業者に所属し、博物館の警備員として働いた人の証言が掲載されている。

その博物館では、展示室のひとつが使われずに放置されていた。その何もない部屋で、警備員は来館者が手を触れないよう見張ったり（繰り返すが、部屋には何もない）、誰かが火をつけたりしないように見張っていた。

当然ながら、警備員は暇すぎて退屈するわけだが、神経を尖らせ、集中を切らさないために、本や電話などの精神的刺激となるものは一切合切が禁じられていた。誰かが侵入することはなかったので、警備員は実働の七時間半、じっと座っているだけだった。

もし火災報知器が鳴った場合は、警備員は粛々と立ち上がり、その部屋から出ることになっていた。以上のような業務内容である。これに対して、グレーバーは「かりに、ここに座って小説を読んだりソリティアをしてたとして、火災に気づくのに、いったいどれくらい遅れる

取り巻き	だれかを偉そうにみせたり、偉そうな気分を味わわせたりするためだけに存在している仕事
脅し屋	雇用主のために他人を脅したり欺いたりする要素をもち、そのことに意味が感じられない仕事
尻ぬぐい	組織のなかの存在してはならない欠陥を取り繕うためだけに存在している仕事
書類穴埋め人	組織が実際にはやっていないことを、やっていると主張するために存在している仕事
タスクマスター	他人に仕事を割り当てるためだけに存在し、ブルシット・ジョブをつくりだす仕事

●表 139：ブルシット・ジョブの主要 5 類型

出典：グレーバー前掲書をもとに筆者作成

というのだろうか?」と疑問視している。

さらに、「退屈すぎて頭がもうろうとしてるから、いざとなってもうまく動かないだろう。とすれば、なにもしてなければ火事に早く気づくというものでもないだろう」と述べ、シフト一回あたり二万七千秒が無駄な時間として、人生から奪われているという。

その上で、「これほどまで空虚な労働を割り当てられた人びとは、上役の人間からのお目こぼしやほかにやることが与えられなければ、一年ともたずに辞めていく」と容赦なく述べる。なお、この博物館の警備員は半年で辞め、転職後に給与は半減したが精神的に充実しているという。

また、ブルシット・ジョブの主要五類型のうち、「取り巻き」の仕事では、「制服を着た家臣の無用性」が挙げられている。いつの時代も、富と権力を手にした者は、大勢の家臣を従えているが、身の回りの世話をするのに多くの人員は必要ない。

しかし、「重要なのは、あなたが注目を浴びるあいだ、威風堂々とみえるよう、(中略)家臣たちにはしばしば、軍隊式の衣装と装備が与えられた。(中略)王宮の守衛のようなものを召し抱えているかのようにみせたかったのである」(前掲書五二頁)とも指摘されている。

つまり、制服を着た家臣のほとんどは、権力者の虚栄心に付き合わされているだけなのだ。これは、日本のバブル期の警備員にも共通する部分がある。

本連載の第46回(単行本第二巻収録)では、社会学者ウェブレンの「誇示的消費」を紹介しながら、バブル期の不可解な警備員の増員を取り上げた。

当時は、金持ちが見栄を張るために、自身が所有する不動産に必要以上の警備員を配置して、自慢しあう風潮があった。その結果、配置人数は増えるが、業務量は変わらないので、警備員は「暇なのにサボれない」という苦行を強いられたのである。

そう考えると、警備業務はシット・ジョブであると同時に、ブルシット・ジョブでもある。労務単価を上げることは必須だが、本当に必要な業務（または配置）なのかを考えて、警備計画を練ることが求められる。

もちろん、「暇に越したことはない」と考える警備員もいるが、仕事に達成感を求める警備員もいる。警備員の離職率で悩んでいる経営者には、業務内容がシット・ジョブになっていないかだけではなく、ブルシット・ジョブになっていないかも考えてもらいたい。

仮に労務単価が大幅に上がっても、ブルシット・ジョブであったら、離職率は下がらないかもしれない。警備員が「社会に役立ち、割に合う報酬をもらえる」という仕事になるよう取り組むのが、経営者の役割ではないだろうか。

第140回　水と安全は有料……時代の変化

（二〇二一年五月二五日　第二七三号掲載）

二〇二一年四月中旬に対面で実施した授業で、筆者は驚きの光景に直面した。筆者が「水と安全は無料（タダ）という言葉を聞いたことがある人、手を挙げて」と問いかけたところ、学生が誰も挙手しなかったのだ。

とはいえ、ここまでは想定内で、学生が恥ずかしがって（もしくは自信がなくて、または当てられるのを警戒して）挙手しないのは、どの授業でも同じである。そこで裏をかいて、「じゃあ、聞いたことがない人、手を挙げて」と問いかけると、約半数の学生は挙手する。それでも挙手しない残りの学生に「君たちはどっちなの？」と問うまでが一連の流れだ。

二〇二一年度の授業も、例年通りの流れで講話を進めていたのだが、「聞いたことない人」の問いに全員が一斉に挙手したことで、授業のリズムが狂ってしまった。まさか全員が「水と安全は無料」を聞いたことがないとは予想していなかったので、驚いてしまったのである。

ちなみに、授業は一年生対象の「社会の安全・安心概論Ⅰ」で、受講生は四二名（うち一名はグアムからの留学生）であった。まだ入学して約二週間の時期なので緊張感があり、全員が真面目な態度で受講している。挙手する勢いにも、一切の迷いがなかった。

ということは、本当に「水と安全は無料」を聞いたことがないのである。言いかえれば、「水と安全はお金を払って手に入れるもの」という認識が浸透しているのだ。おそらく、時代が変わったのかもしれない。

しかし、教室での受講生の反応だけで、「時代が変わった」という大それたことを言うべきではない。やはり、エビデンスが必要である。そこで、「水と安全」の消費がどのように推移してきたのかを確認しよう。

まずは「水」である。真っ先に思い浮かぶのは水道料金の値上げだが、一八歳の大学一年生が自ら水道料金を支払う機会は少ないと思われるので、今回はミネラルウォーターの消費量に注目した。

図140-1の通り、ミネラルウォーターの消費量は、一九八六年に一人あたり年間0・七リットルだったが、二〇二〇年には三三・三リットルまで増えている。四半世紀で約四八倍である。二〇二一年度の大学一年生（四月時点）が生まれたのは二〇〇二年だが、同年は一〇・五リットルであった。その期間も約三倍の増加だ。

このように、授業を受講している学生たちは、水を買うのがあたりまえになった時期に生まれ育ってきた。もちろん、山間部に実家や祖父母宅がある学生や、キャンプに参加したことがある学生であれば、井戸水や沢の湧き水などを無料で飲んだ経験もあるだろうが、それらは非日常的な出来事になっているのかもしれない。

次は「安全」である。安全に関連するエビデンスは多数あるが、「実家がホームセキュリティを契約していました」という学生も少なくないので、今回は機械警備対象施設数の推移を確認しよう。

なお、ミネラルウォーターのデータは二〇二〇年まで出ているが、この原稿を執筆している時点で「令和二年における警備業の概況」は未発表のため、二〇一九年までのデータで**図140-2**のグラフを作成した。

図140-2の通り、機械警備対象施設数は

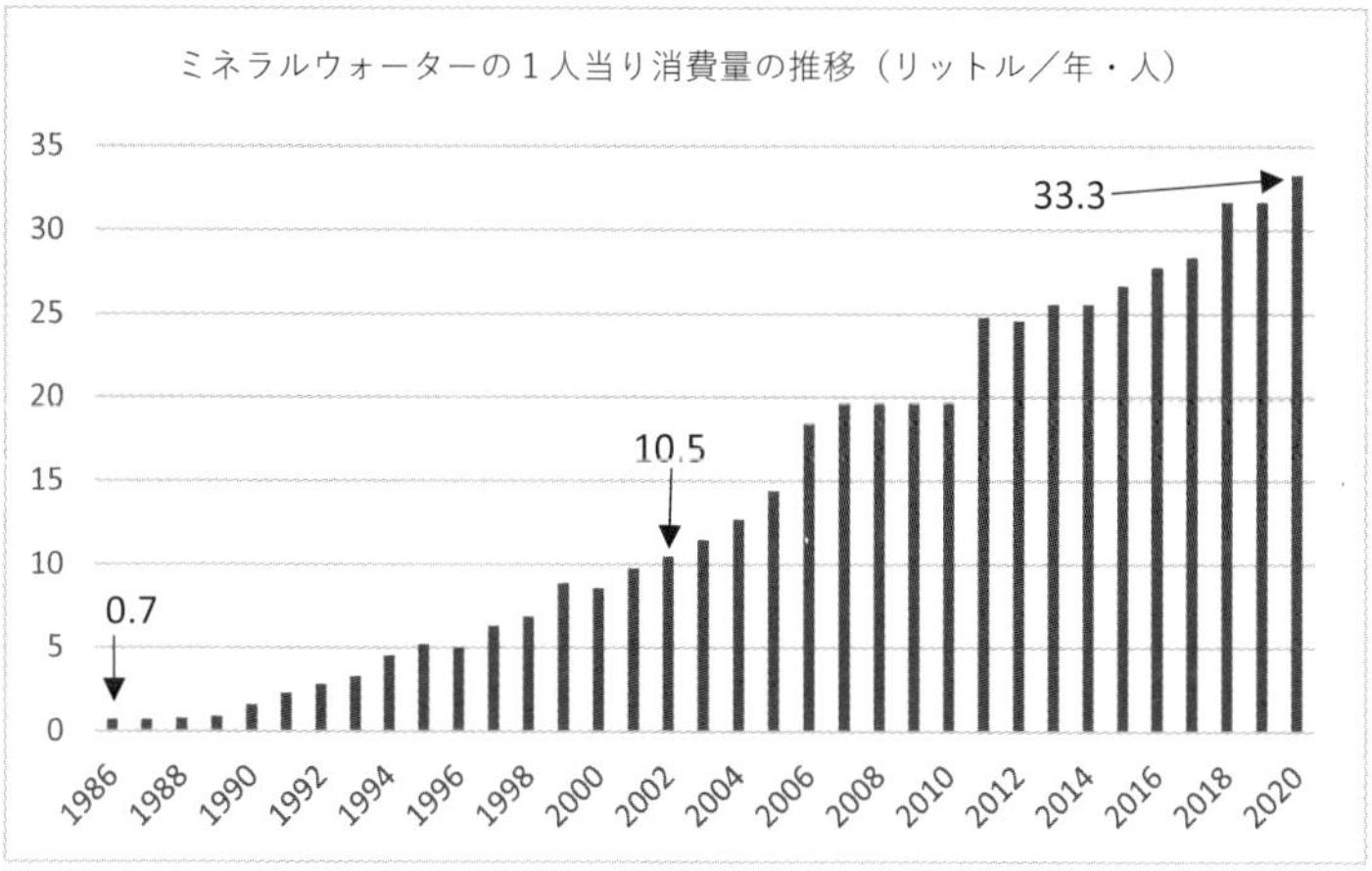

●図 140-1：水を買う時代
出典：(一社) 日本ミネラルウォーター協会統計資料をもとに筆者作成

一九八六年に約三四万件だったが、二〇一九年には三一二万件まで増えている。おおむね四半世紀で約九倍である。二〇〇二年は約一一六万件だったので、学生たちが生まれてから約二・七倍の増加だ。

もちろん、機械警備対象施設数には事業所が含まれるので、ホームセキュリティに特化した数値ではない。それでも、警備業者のCMの多くがホームセキュリティなので、学生たちの世代には「自宅の安全は買うものだ」という認識が定着していると考えられる。

さらに重要なのは、学生たちの中に少なからず、都市部以外の出身者がいることだ。都市部であれば、遅くとも一九九〇年代には機械警備が普及し、コンビニでミネラルウォーターを買う習慣も定着してきただろう。

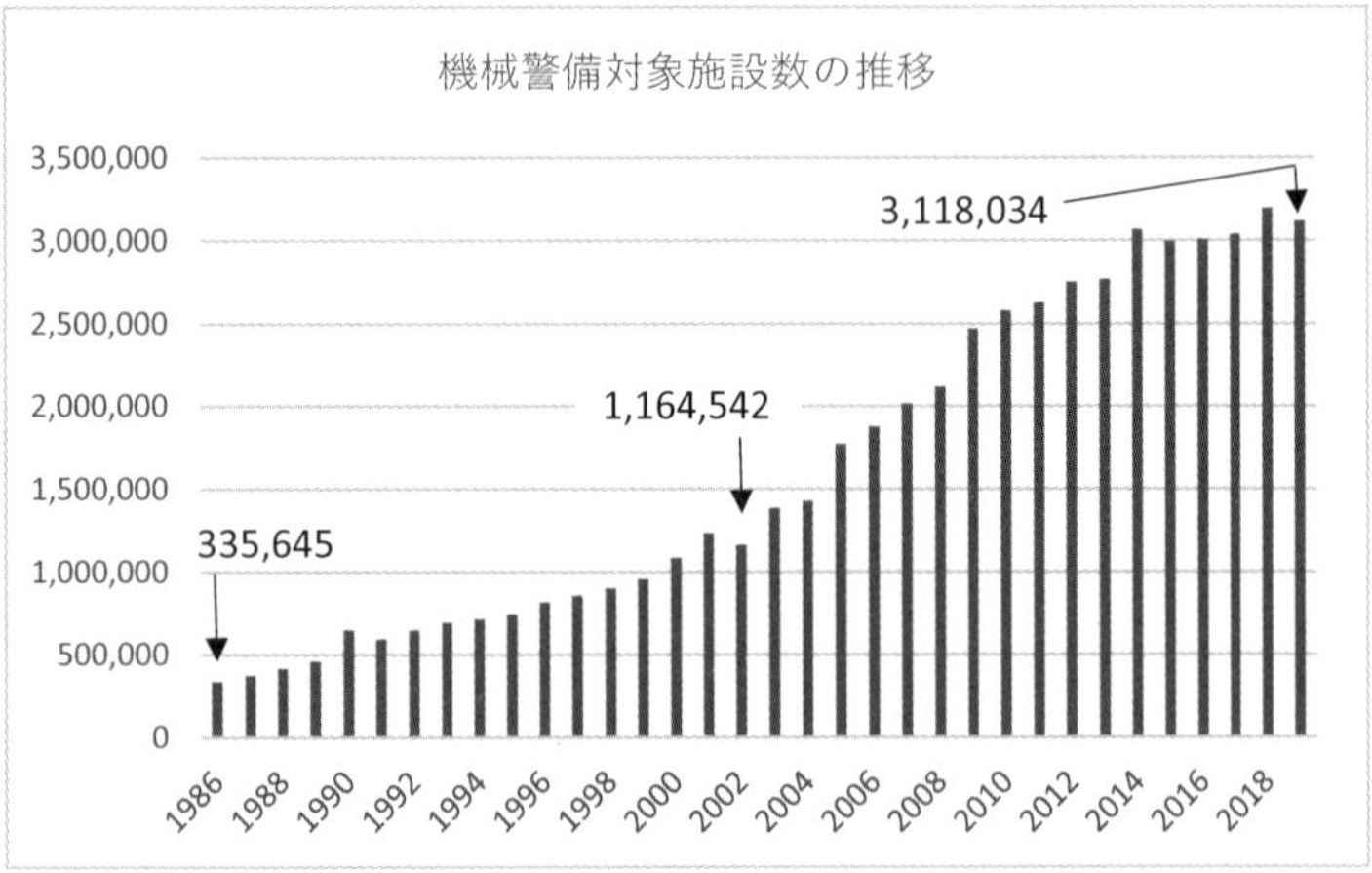

●図 140-2：安全を買う時代

出典：「警備業の概況」をもとに筆者作成

しかし、二〇二一年現在では地方出身の学生まで、「水と安全は有料」だと、あたりまえのように考えているのだ。おそらく、この変化は警備業界にとって追い風だろう。今後は営業先で「安全は無料だ」と門前払いされることは少なくなると予想されるからだ。

一方で、消費者（警備契約者）の目は肥えてくる。そのため、警備の質とコストパフォーマンスが問われることになるだろう。警備業者ならびに警備員の真価が問われる時代になったということだ。今後の動向が楽しみである。

以上の内容を教壇に立ちながら考えてしまったせいで、授業の進行がぎこちなくなった。学生たちは「この先生、大丈夫か?」と思っただろうが、そういう先生なので仕方がない。次の授業では講話に集中することを誓うので、どうかお許しを。

第141回 「音に敏感」の功罪……大阪女子大生殺害事件

（二〇二一年六月五日・一五日合併号 第二七四号掲載）

二〇二一年四月二八日に大阪府大東市の集合住宅で、大学四年生の女性が殺害された。被害者の部屋の真下に入居していた四八歳の男性が、ベランダから梯子をかけて被害者の部屋に侵入し、殺害したとみられている。男性は女子大生を殺害後、自室に戻り焼身自殺した。

当事者が死亡したこともあり、不明な点が多い事件だが、報道を見て思ったことが二つある。

一つは、なぜ加害者の男性の職業が「警備員」と報じられているのか、という疑問である。

例えば、『週刊文春』（二〇二一年五月二〇日号）では、記事に「〝無口な四八歳警備員〟犯行の原因となった〝騒音問題〟」と副題が付いている。しかし、記事本文に「警備員」の文字はなく、職を転々とした上で、「昨年から正社員としてビル警備会社で働いていた」と説明されている。

仮に、勤務時間内に警備対象施設内で事件を起こしたならば、「警備員」と書く意味がある。当事者が現場でどのような役割を担っていたのかを伝える必要があるからだ。報道によって、「警備員にあるまじき行為」をしたことが浮き彫りになれば、同業者への戒めにもなる。

しかし、男性が事件を起こしたのは、勤務時間外の私生活である。勤続年数も一年程度なので、「警備員」を強調する意味はないだろう。正社員として雇用されているので、「警備員」ではなく「会社員」と書けばよいのではないか。

事件の当事者が公職者や著名人であれば、社会的な影響力が大きいので、具体的な肩書で報じられることが多い。一方で、当事者が無名の民間人だと、大まかに「会社員」で括られる場合と、詳しい職名や所属まで報じられる場合がある。

このような肩書の不統一について、内容分析で傾向を割り出す研究をしてみたいと以前から思い続けているが、大規模な研究になるので二の足を踏んでいる。

もう一つ、今回の事件でより大きな関心を抱いたのは、加害者の男性の勤務形態と性格、そして警備員としての資質である。

既出の『週刊文春』の記事には、職場関係者の「勤務は三日に一回程で主に夜勤でした。真面目で無遅刻・無欠勤。無口な性格でしたが、「正社員として長く働きたい」と言っていた」という談話が記載されている。

ここで注目したいのは、男性が「主に夜勤」ということで、昼夜逆転の不規則な生活をしていたことである。そのため、相当なストレスが蓄積した状態に陥っていた可能性がある。

医学者の各務竹康らによれば、夜勤などの不規則な交替勤務は睡眠の質が低下しやすく、慢性的に疲労を抱えやすい状態にあるという（「深夜勤務後の疲労回復とストレス解消の自覚度との関連」『産業衛生学雑誌』第五六巻五号収録、二〇一四年）。

その上で、各務らは夜勤者のストレス解消について調べ、「ストレス解消が不十分と考える者に、深夜勤務後の疲労回復の遅延が認められた」と述べている。**表141**の通り、主にスポーツや睡眠はストレス解消に有効だが、喫煙や飲酒は有効ではないことも明らかにした。

加害者の男性を擁護するつもりは一切ないが、有効なストレス解消法を実践できていなかったのであれば、慢性的に大きなストレスを抱えていたと考えられる。これは夜勤者の健康管理において重要な視点である。

さらに、加害者の男性が「真面目で無遅刻・無欠勤。無口な性格」だったと言われていることにも注目したい。勤務態度は良好で、軽口をたたかず、決まりを律義に守る人物であれば、この男性は警備員として

	ストレスマネジメント		
	充分 (n=35)	不充分 (n=17)	p 値 (有意差)
スポーツをする	14 (0.40)	6 (0.35)	0.744
家族と過ごす	7 (0.20)	6 (0.35)	0.309*
食事をする	6 (0.17)	5 (0.29)	0.470*
睡眠をとる	13 (0.37)	7 (0.41)	0.779
仕事をする	0 (0.0)	0 (0.0)	—
喫煙をする	3 (0.09)	6 (0.35)	0.045*
飲酒をする	8 (0.30)	9 (0.53)	0.030
旅行をする	7 (0.20)	3 (0.18)	1.000*
読書をする	3 (0.09)	1 (0.06)	1.000*

人数(%)　*フィッシャーの正確確率検定

●表 141：深夜労働者のストレスとストレス解消の関係

出典：各務ら前掲論文 118 頁（原文は英語表記、筆者訳）

の適性が高いような印象を受ける。すなわち、警備計画に従って忠実に業務を遂行し、守秘義務も厳守する模範的な警備員だったと推測できるのだ。

おそらく、日々の警備業務では、「警備員の五感」を研ぎ澄ませて、異常の有無を確認していたと考えられる。当然ながら、些細な変化に気づくために、音に敏感になる。これは警備員に不可欠な資質である。

しかし、その感覚を私生活に持ち込むと、上階の足音などの生活音に敏感になる。そうなると、私生活の安寧を脅かされているような感覚に至る。その鬱憤を晴らす行為が、犯行という誤った形で表出したのではないか、というのが筆者の見立てである。

もちろん、報道を鵜呑みにして勝手に人物像をつくり上げるのは不適切であり、以上の考察も推測に基づく仮説にすぎない。余計な解釈を挟むことで、真相解明の足枷になるかもしれない。こうした弊害は筆者も自覚している。

とはいえ、本連載で以前に「迷惑」や「騒音」を取り上げ、警備員の心身の負担についても言及してきたので、今回の事件は気になる点が多かった。読者の皆様はどう考えるか、意見を伺ってみたい。

※第141回の原稿は、大幅な加筆修正を施したので、紙面掲載時とは内容が異なっています。本文中

で引用した『週刊文春』の記事では、被害者の女子大生について、「複数の男女で深夜までかなりうるさく騒いでいて、迷惑したことがありました」という近隣住民の談話がありました。そのため、「好ましい生活態度ではないが、大学生の下宿生活では珍しくない。あえて良く言えば、交友関係の幅が広い社交的な学生だったのだろう。（中略）男性が上階からの騒音に悩まされていたことは想像に難くない」と記述しました。しかし、二〇二一年八月一二日に加害者の男性が書類送検された際に、捜査の結果、被害者による騒音は確認されなかったと発表されました（産経新聞二〇二一年八月一二日一九時〇五分配信ほか多数）。警察は、男性が生活音に対して過剰に敏感になり、被害妄想が強まったことから犯行に及んだとみています（関西テレビ二〇二一年八月一二日二〇時一九分配信）。紙面掲載時の原稿に、被害者の名誉を毀損しかねない不適切な記述が含まれていたことを、謹んでお詫び申し上げます。

なお、騒音問題に詳しい橋本典久は、犯行現場が「鉄骨造の建物である」と断定した上で、「外観はモダンに造られているものの築年数は二六年であり、上階音性能に関してはかなり劣悪な性能であったことは間違いない。（中略）この建物の条件を考えれば、大東市の事件が上階音を原因として発生したことは確実だと思われ、単なる「被害妄想」ではなかったと考えられる」という見解を示しています。さらに、「女子学生はサッカー部のマネージャーとして活躍し、友達の来訪も多かったようである。その上階からの音が一旦、耳につき始めれば、日常の生活が苦痛の日々へと姿を変えるのである」と述べています。一見すると加害者の男性を擁護するような論調ですが、「原因となった建物の性能や、騒音事件発生までの心理プロセスなど、騒音事件に係る色々な情報が社会に広く認識されていれば、この種の事件は防げたかも知れない」という警鐘です（「鉄骨造マンションで起きた悲惨な女子大生殺害事件、鉄筋コンクリート造とは違う上階音性能に要注意」Yahoo! Japan ニュース二〇二一年六月二〇日一一時四二分配信）。

第142回　うちの娘も狙われる？……性的画像問題（完）

（二〇二一年六月二五日　第二七五号掲載）

まさか、これほど大きな反響があるとは思わなかった。過去二回にわたって競技者に対する性的な動画像の撮影・流布の問題を取り上げたが、読者から次々と質問・意見・相談が寄せられている。

例えば、「なぜ競技者の盗撮被害が急増したのか」という質問もあれば、「体操着マニアもいるので、服装の改善が必要」といった意見もある。また、「うちの娘が高校の陸上部員なのだが、盗撮犯に狙われてしまうかも」といった身内の被害を懸念する相談もあった。

もはや「警備保障論」の域を外れてしまうが、ほかにも同様の疑問を抱いている読者がいると思われるので、わかる範囲で回答したい。

まず、盗撮被害が急増したのかという質問に対して、筆者は「実数の増減は不明だが、増えている可能性はある」と考える。一眼レフカメラが普及して以降、気軽に写真を撮れるようになり、少なからず盗撮被害は発生していたと推測されるからだ。

ただし、フィルム式の旧型カメラの場合、多くの写真は撮影者の秘蔵コレクションになる。成人誌の読者投稿コーナーに掲載されたとしても、流布するのはごく一部である。したがって、実数の増減は不明だ。

さらに、フィルム式だと連写が難しく、フラッシュが必要になる場合もあるので、熟練の撮影技術がないと決定的瞬間を鮮明に撮影することができない。ビデオカメラも同様で、競技者の動きを追うと手ブレが激しくなり、うまく撮影できない。

しかし、デジタルカメラやスマホのカメラ機能が高性能になった近年は、競技者の胸部や臀部などをズーム撮影したり、連写することも容易だ。手ブレ補正機能もあるので、鮮明な動画像を撮影できるようになった。そのため、盗撮被害が増えている可能性はある。

次に、服装の改善が必要という意見に対して、筆者は「さらなる改善の余地はあるが、以前よりマシになった」と考える。第135回で述べた通り、競技の特性に応じて服装が定められているので、盗撮防止のためだけに服装を変えることはできない。

一方で、すでに改善された例として挙げられるのは、ブルマーである。社会学者の山本雄二によれば、ブルマーは一九〇〇年代前半に日本に導入され、女子体操着として定着した（『ブルマーの謎』青弓社、二〇一六年）。

ブルマーが導入される以前は、袖の長い着物を袴の紐で締め上げた状態で、体育の授業を行っていた。あまりにも動きにくいので、ブルマーは好意的に受け入れられたようだ。ただし、当時のブルマーは裾が膝下まであるニッカボッカ型であった。

なお、当時の日本人女性は下着（パンツ）を着用する習慣がなかった（井上章一『パンツが見える』朝日新聞社、二〇〇二年）。トイレでズボンを下げる習慣もないので、女子の学校制服はスカートが定着したという（山本前掲書一八頁）。あくまで機能性重視の服装なのだ。

そのような背景を踏まえると、ブルマーの導入は画期的であった。それが数十年かけて、徐々に裾が短くなり、一九六〇年代頃まで「ちょうちんブルマー」が主流になる。いわゆる「かぼちゃパンツ」に似た形状である。

その後、六〇年代半ばに「密着型ブルマー」が登場する。東京オリンピックが契機となった説もあるが、山本は複数の説を丁寧に検証し、否定的に考察している。興味深いのは、女子バレーボール日本代表（いわゆる「東洋の魔女」）のメンバーの反応である。

オリンピック前に密着型ブルマーを見たメンバーは、下着みたいで恥ずかしくて履けないと断っている。すなわち、密着型ブルマーが下着同然の服装だという認識は、学校の体操着として普及する以前から存在していたのである（山本前掲書三六頁）。

それでも密着型ブルマーが普及した要因として、「伸縮性の向上」による機能説なども挙げられているが、重要なのは当初から性的な「まなざし」を向けられる対象だったということだ。その決定打となったのは、一九九〇年代に流行した「ブルセラ」である。

セーラー服と並んで、密着型ブルマーは「少女の性」を象徴する商品として売買された。その結果、社会学者の角田聡美が述べるように「女子中・高生の身体とブルマーは性的な対象であることが白日の下にさらされた」のである（高橋一郎他『ブルマーの社会史』青弓社、二〇〇五年、二四二頁）。

●図142：密着型ブルマーの例
出典：「イラストAC」フリー素材

これを機に密着型ブルマーは一九九〇年代に急速に廃れていき、現在のハーフパンツが主流となった。このように、性的な「まなざし」を考慮して服装が改善された例もあることを押さえておきたい。

今回はブルマーに着目したが、男性競技者も含めて肉体美や服装にエロスを感じるのは、多くの研究で明らかにされている（例えば、アレン・グットマン著『スポーツとエロス』樋口秀雄訳、柏書房一九九八年）。

また、女子柔道もエロスの対象として大衆に受け入れられてきた歴史がある（溝口紀子著『性と柔』河出書房新社、二〇一三年）。性的画像問題はスポーツ史に直結する大きな課題なのだ。警備の観点だけではなく、スポーツ史の専門家を交えて議論したいテーマである。

なお、最後に「うちの娘が狙われるかも」の相談については、私生活に関わるので紙面での回答は割愛し、「某警備業者の役員は、愛娘の身を案じる優しい父でもある」と述べるにとどめておきたい。

第143回　「ヘソ天」か「自己犠牲」か……防御姿勢の比較

（二〇二一年七月五日　第二七六号掲載）

読者の皆様は、幼い子どもを連れて路上を歩いているときに、向こうから自動車が突っ込んできたら、咄嗟にどのような姿勢をとるだろうか。

もちろん、「周囲の状況によって姿勢を変える」とか、「子どもの手を引いて安全な方向へ退避する」といった答えもあるだろう。それならば、周囲の状況を確認する余裕がなく、その場から退避できないほど追い込まれたら、どうだろうか。

歴史学者の会田雄次は、このような場面では老若男女を問わず、子どもを対面するように前に抱き寄せ、自動車にお尻を向け、うずくまる防御態勢になるのが日本人の姿勢であると述べている（『日本人の意識構造』講談社現代新書、一九七二年、九頁）。

これはアメリカ人が書いた論文で指摘されていたらしいが、会田がうろ覚えだったため、出典がわからない。そこで会田が実際に日本人の姿勢を観察したところ、指摘の通り例外なく「お尻と背中で防衛」していたという。

一方で、欧米人は子どもを後ろへはね退け、敵に直面し、両手を広げて「仁王立ち」になる。子どもを抱える場合も、敵に背を向けずに片手を前に突き出した。これは日本人と欧米人があらゆる面で正反対であることを例証しているという。

日本人の防御姿勢について、論文では「自分の体を犠牲にして子どもを守るという自己犠牲の精神で、はなはだ立派である」と褒めつつ、「しかし、これは腰が抜ける一歩手前の動作でもある」と指摘されているとのことだ。

これについて仏文学者の多田道太郎は、「大事な「腹」をかばうということもあろう」と背を向ける意味も含めながら、「これは相手にさからわず、相手の力を受け流す姿勢なのである」と考察している（『しぐさの日本文化』筑摩書房、一九七二年、一三三頁）。

それでは、警備員の基本姿勢はどうだろうか。**図143**の通り、「日本人型」ではなく「欧米人型」である。この違いは非常に興味深い。

まず、腹部を守るという点では、日本人型の方が合理的である。動物も敵に腹部を見せない習性があり、野生動物で仰向けになって腹部を晒すこと（いわゆる「ヘソ天」）は稀だ。だからこそ、ペットが「ヘソ天」になれば、飼い主を信頼している証拠と言われる。

しかし、日本人型の「自己犠牲」と「腰抜け一歩手前」というのは、警備員に不向きである。警備はあくまで業務なので、自己犠牲は労災案件になる。それに、警備業務は「他人の需要」に応じて行うので、親が子を守るときの自己犠牲の精神とは同一視できない。

さらに、警備員が「腰抜け一歩手前」の状態になったら、警備対象者の避難誘導、通報や応援要請、現場保存などの対応ができなくなる。警備員は目の前の脅威に対峙するだけでなく、その後の対応も含めて任務を遂行しなければならない。

すなわち、日本人型の姿勢だと「ヘソ天」にならないメリットがある一方で、「自己犠牲」と「腰抜け一歩手前」になるデメリットが大きすぎるために、警備員は欧米人型の姿勢を基本とするのではないかと考えられる（もちろん欧米の軍隊式に準じたからという理由もあるが）。

●図 143：防御姿勢の違い
出典：「イラスト AC」フリー素材をもとに筆者作成

ところが、欧米人型にもデメリットがある。もちろん、腹部を守りづらいという物理的な問題もあるが、それ以上に重要なのは、警備員が過度に威圧的な態度をとっているように見えることだ。

多田は欧米人が顎を前に突き出して攻撃的な姿勢を取ることが多いのに対して、日本人は顎を引いて姿勢を低くする傾向があると指摘する。欧米人の高姿勢は常に「威嚇」であるが、日本人の低姿勢は「なだめ」あるいは「服従」である（前掲書四〇―四二頁）。

もちろん、警備員は現場の規律に従わない者に対して、毅然とした態度で行為を制止したり、退出を促す役割がある。その場合は、欧米人型の高姿勢で対応する必要がある。しかし、警備業がサービス業である以上、穏便に事態の収拾を図る場面も多い。

そうなると、警備員は規律に従わない者を低姿勢で「なだめ」、相手の出方次第では「服従」しているかのように見せながら、協力を求めることになる。つまり、相手を刺激しないように、あえて下手（したて）に出る作戦である。

また、相手が理不尽な苦情を言い続けている場合は、「相手にさからわず、相手の力を受け流す姿勢」が必要になることもある。これらのような場面では、欧米人型の姿勢ではなく、日本人型の姿勢で対応しなければならない。

ということは、日本の警備員には、欧米人型と日本人型を折衷するのではなく、両方を使い分けることが求められる。すなわち、「欧米人型を基本としながら、臨機応変に日本人型へ切り替える姿勢」だ。そうであれば、日本の警備員は器用であることこの上ない。

ちなみに会田は、家庭や職場を守る、あるいは国を守るといった姿勢の精神的な構造は、背を外部に向け、うつ向き、内側を向いて守るという形になるのではないかと述べている（前掲書二〇頁)。
会田と多田がこれらを指摘してから、約半世紀が過ぎた。この間に日本人の「守り」の意識は変化したのか、それとも維持されているのか、読者の皆様はどう考えるだろうか。

第144回　警備員の居眠り……「ながら」の文化

(二〇二一年七月一五日・二五日合併号　第二七七号掲載)

「俺はどんな状況でも眠れる。この栄誉を糧にして、立ち寝のプロを目指す」

これは「立ち寝コンテスト」の優勝者のコメントである。もちろん、非公式のイベントであり、警備員の内輪ネタだ。筆者の警備員時代の同僚が企画したもので、「最も違和感なく立ち寝できるのは誰か」を競い、数名の候補者から投票で優勝者を決めた。

この優勝者は、隙がない見事な立ち寝を披露していた。立哨姿勢が崩れないので、一見すると眠っているように見えない。至近距離で観察すれば眠っているとわかるが、すぐに起きて（見られたことに気づいて）、何事もなかったように業務をこなしていた。

おそらく、読者の皆様は「勤務中に眠るとは、けしからん」と思うだろうが、暇な現場で睡魔と闘うのは「警備員あるある」だ。しかし、冷静に考えれば、立ちながら眠るというのは器用である。なぜ、警備員は立ちながら眠れるのだろうか。

文化人類学者の野村雅一は、日本を訪れた欧米人が電車内などで日本人が眠っている光景を見て驚くのは、無防備な姿態をさらしていることに驚くだけではなく、欧米人は人目にさらされた状況で眠れないからだと推察している（『しぐさの世界』日本放送出版協会、一九八三年、八五頁）。端的に言えば、「どこでも眠れるなんて、日本人は凄げぇ奴らだ」という驚嘆である。ただし、極度の疲労による居眠りは万国共通であり、特筆すべきことではない。ここで重要なのは、日常的現象として居眠りをするための複数の条件があるということだ。

野村によれば、場所や姿勢にかまわず眠ることができるという条件に加えて、「食事をしながらテレビを見る」と同じく、「ながら活動」であるという条件が必要だという。つまり、何かをしている途中で並行して眠るのが「居眠り」である（前掲書八六頁）。

ここまでは「寝る」と「眠る」を区別していなかったが、「寝る」は眠らずに身体を横にする行為や状態も含むが、「眠る」は身体を横にしていなくても構わない。立哨や座哨でも、睡眠状態になれば「眠る」と言える。

そのため、厳密に言えば警備員が勤務中に「立ち寝」をすると言うのは間違いで、「立ち居眠り」が正しい。先述したコンテストの優勝者は、「立ち居眠りの猛者」である。そして、このような「ながら」を高く評価しているのが、歴史学者の会田雄次だ。

会田は、近代の欧米文化は各種の行為や状態を分離し、専門化することを本質にするが、日本文化は分離・専門化させずに「ながら」と「あわせ」の方法で混同することが特長（長所）だと述べる（『日本人の意識構造』講談社現代新書、一九七二年、一三二－一三四頁）。

会田が例示しているのは、二宮尊徳（金次郎）の像である。薪を背負って歩きながら（働きながら）本を読み、勉学に勤しむ姿だ。このように、二つ以上のことを「あわせ」て行い、労働と勉学を混同するのが「日本の素晴らしい知恵」であると賞賛している。

その上で、会田は「仕事と遊びを分離させない。特に必要なことは、「公私」を分離させないことである」と強調し、それが日本人の独特の余裕になっていると指摘する。さらに、公私混同に否定的な意見に対して、最悪の側面だけが異常に拡大されていると嘆く。

会田の主張を是とするならば、居眠りをする警備員は「ながら」の文化の継承者である。警備業務と睡眠を「あわせ」て行っている日本人であり、二宮尊徳のような存在として崇められるべき人物と言える。

しかし、「素晴らしい発想なので、弊社の警備員にも居眠りを勧めよう」と思う者はいないだろう。やはり、「居眠りをしたら職責を果たせない」とか、「居眠りは気の緩みだ」などと一喝し、改善しなければ懲戒案件になると考えられる。

警備員の居眠りが認められない理由として、次の二つが考えられる。一つ目は、前回も指摘したように、警備員の基本姿勢は欧米人型だからだ。業務内容も分離され、専門化されているので、「ながら」や「あわせ」に対応できないのである。

例えば、施設警備の出入管理と出入口付近の交通誘導を、一名の警備員で並行することはできない。物理的には可能であったとしても、業務が一号と二号に区分されているので、それぞれの配置の業務内容に専念しなければならないのだ。

二つ目は、日本社会そのものが「ながら」や「あわせ」を忌避するようになったからだ。近年は「歩きスマホ」が問題視され、そのために学校にあった二宮尊徳の像が撤去されている。「歩き

今日は暇なので
飲みながら仕事
しましょう！
乾杯～！！
ヤバい夢を見た
勤務中に居眠り
するんじゃない

●図 144：居眠りの悪夢
出典：「イラストAC」フリー素材を使用して筆者作成

ながらスマホを見る」のがダメなので、「歩きながら本を読む」のもダメだと言われるようになった。

ただし、小規模な飲食店で調理しながら配膳や会計に対応する（いわゆる「ワンオペ」）こともあるように、「ながら」や「あわせ」が完全に廃れたわけではない。もし会田が存命であったら、この状況をどのように批評するのか、気になるところだ。

とはいえ、警備で立ち居眠りが認められることはないだろうから、警備員の皆様は体調を万全にして、業務に励んでもらいたい。そして、経営者の皆様には、警備員が万全の体調を維持できるように労務管理をしてもらいたい。

第145回　警備員の睡眠障害……日内リズム

（二〇二一年八月五日　第二七八号掲載）

前回は、警備員の居眠りを文化論的に考えたが、睡眠の研究は学際性が高い。生理学、心理学、社会学などの複数の学問から知見を持ち寄る必要がある。その成果の一つが、日本学術会議の研究連合会（研連）による「睡眠学」である。

研連の報告書は、二〇〇三年に『睡眠学』（高橋清久編集代表、じほう）として公刊されている。今回は、同書を参照しながら、生理学的に警備員の睡眠を考えてみたい。

まず、ヒトの睡眠は「レム睡眠」と「ノンレム睡眠」に分けられる。レム睡眠は、身体は眠っているが脳は目覚めている状態で、閉じたまぶたの下で眼球が急速に動く眠りである。一方のノンレム睡眠は、身体も脳も眠っている状態であり、眼球が急速に動かない眠りだ。

ノンレム睡眠は、浅い眠りから深い眠りまで四段階に分かれている。熟睡状態になるのは第三と第四の段階であり、大脳を眠らせて疲労回復を促す。なお、夢を見るのはレム睡眠の状態が多い。

図145の通り、レム睡眠とノンレム睡眠は一回の睡眠中に繰り返されるが、熟睡状態になるのは就寝から五時間程度で、それ以降は浅い眠りになる。そのため、睡眠時間を五時間くらい確保して熟睡すれば、疲労が回復するように思われるだろう。

おそらく、当務（二四時間勤務のこと）に従事する警備員の労務管理でも、仮眠時間は五時間くらいで充分だと思われるかもしれない。しかし、**図145**で表されているのは、まとまった睡眠時間を確保している場合の標準的な周期である。

重要なのは、「日内リズム」と言われる一日の睡眠のリズムであり、その傾向が年齢によって大きく異なるのだ（前掲書一六頁）。新生児の場合、昼夜を問わず短い眠りが繰り返されるので、夜泣きも多い。夜の眠りが長くなるのは、一歳を過ぎた頃からである。

一〇歳前後になると、ほとんど昼寝をしない一方で、夜は二一時頃から翌朝七時頃までの長時間睡眠になる。よく、乳児期に「泣く子は育つ」、幼児期から児童期にかけて「寝る子は育つ」と言うが、これらは睡眠の日内リズムと一致している。

そして、成年期になると睡眠時間が短縮され、概ね六時間程度の睡眠で充分になる。この状態で規則的な生活をすると、日内リズムが一定になり、いわゆる「体内時計」が働く。これが「概日リズム（サーカディアンリズム）」である。

ところが、老年期になると日内リズムが変化し、昼寝が

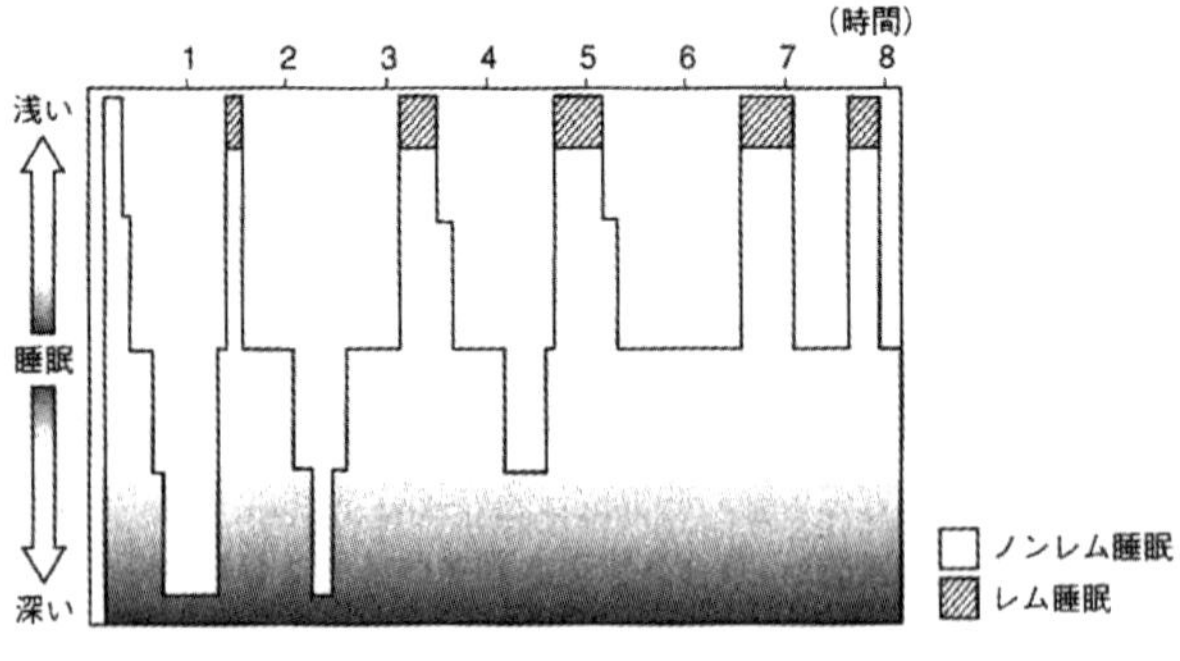

●図 145：睡眠の周期

出典：前掲書 91 頁

復活して夜の眠りが浅くなる。よく「高齢者は早起き」だと言われるが、夜の眠りが浅いため早朝に目覚める一方で、昼間に眠くなる傾向がみられるのだ。これも正常な概日リズムである。

そうなると、警備員の労務管理は一筋縄ではいかない。例えば、当務で零時から朝六時までの仮眠時間を設定した場合、成年期の警備員には適切だが、老年期の警備員には不適切になる可能性がある。

また、仮眠を伴わない日勤でも、早朝に起床してしまい、上番（勤務開始）までの時間を持て余す一方で、昼間の勤務時間中に眠くなることがある。これが慢性的に続くようであれば、加齢によって日内リズムが変化した可能性を考える必要があるだろう。

ご承知の通り、警備員の高齢者率は高い。前の勤務の下番（勤務終了）から次の勤務の上番までの休息時間（勤務間インターバル）を確保していても、眠くなってしまうことに留意が必要だ。すなわち、むやみに「怠惰だ」と決めつけてはいけないのである。

さらに厄介なのは、睡眠障害がみられる場合である。主な症状である睡眠中の途中覚醒が多く起こると、昼間に耐えがたい眠気に襲われたり、作業能率が極端に低下することがあり、ヒューマンエラーの原因になるという（前掲書四四頁）。

もちろん、若年層でも睡眠障害に悩まされている人はいる。特に、過緊張の勤務を強いられる職場や、都市生活の二四時間化による生活時間の多様化が、睡眠障害と密接に関係しているとの報告もあるようだ（前掲書四五頁）。

言うまでもなく、警備業務は過緊張と二四時間体制の対応を求められるので、警備員は睡眠障害になりやすい職種だと考えられる。日内リズムに合わない不規則な生活になることで、概日リズムが乱れやすくなる。

また、睡眠時無呼吸症候群（ＳＡＳ）も、各種の基礎疾患に加えて「肥満」と「加齢」が合併することで増悪する（前掲書七七頁）。加齢によって睡眠障害が増加することはよく知られており、高齢者の精神保健の重要性はますます高まっていると指摘されている（前掲書八八頁）。

筆者は警備員時代に多くの高齢の同僚と出会ったが、「寝つきが悪くて困っている」「どうしても昼間に眠くなる」という声を幾度となく聞いた。稀に「俺は体内時計が正確で、目覚まし時計がなくても起きられる」という猛者もいたが、その人は羨望の眼差しを集めていた。

前回の「立ち寝」（正しくは「立ち居眠り」）は気ままな話題だったが、今回の話題は警備員の労務管理と労災防止の観点で重要視してもらいたい。その第一歩は、警備員に「最近どう？ちゃんと眠れてる？」と気さくに問いかけ、さりげなく実状を把握することである。

第146回　介護優先の若者たち……ヤングケアラー

（二〇二二年八月一五日・二五日合併号　第二七九号掲載）

先日、とある警備業者の人事担当者から、「高卒警備員の募集で高校を訪問して、警備業界に関心がある高校生と面談したが、勤務時間が長いので断られてしまった」という話を聞いた。よくある話かと思ったが、長時間労働を避ける理由が深刻だった。

その高校生は、高齢の祖父と障がいのある弟の世話をしているため、自宅を長時間留守にできないという。すなわち、ヤングケアラーだったのである。人事担当者も「いろいろ検討したが、どうしても警備員の労働条件に合わなかった」と残念がっていた。

社会学者の澁谷智子は、ヤングケアラーを「家族にケアを要する人がいるために、家事や家族の世話などを行っている、一八歳未満の子どものこと」と定義している（『ヤングケアラー』中公新書、二〇一八年、i頁）。

厚労省と文科省は、ヤングケアラーの実態把握を進めている。二〇二一年三月に公表された「ヤングケアラーの実態に関する調査研究報告書」（三菱ＵＦＪリサーチ＆コンサルティング株式会社が実施）では、次のような結果が示された。

まず、**表146－1**の通り、「世話をしている家族の有無」で「いる」と答えたのは、中学二年生で五・七％、全日制高校二年生で四・一％であった。また、定時制高校生二年生相当で八・五％、通信制高校生で一一％となっている。

さらに、**表146－2**の通り、「平日一日あたりに世話に費やす時間」で、ほぼフルタイム労働に相当する「七時間以上」と答えたのは、中学二年生で一一・六％、全日制高校二年生で一〇・七％、定時制高校二年生相当で九・七％、通信制高校生で二四・五％である。

もちろん、学業との両立なので、「三時間未満」や「三～七時間未満」でも負担は大きい。そのため、「進路の変更を考えざるを得ない、もしくは進路を変更した」のは中学二年生で四・一％、全日制高校二年生で五・五％、定時制高校二年生相当で六・五％、通信制高校生で一二・二％に及ぶ（前掲調査報告書九八頁）。

このような背景に加え、一方では大学進学率が上昇傾向にあるので、高卒警備員を新卒で採用するのは困難になりつつある。警備員の長時間労働を是認してきた人もいるだろうが、今後はフレキシブルな労働条件を提示できるようにならないと、新卒の応募は見込めない。

それに追い打ちをかけるのが、「ヤング・アダルト・ケアラー」である。澁谷によれば、イギリスでは一八歳未満を「ヤングケアラー」と呼び、一八歳から二四歳くらいまでを「ヤング・アダ

（%）

	調査数	いる	いない	無回答
中学２年生	5,558	5.7	93.6	0.6
全日制高校２年生	7,407	4.1	94.9	0.9
定時制高校２年生相当	366	8.5	89.9	1.6
通信制高校生	445	11.0	88.1	0.9

※通信制高校生について、本設問は 18 歳以下、19 歳以上の年齢別に聞いており、年齢の設問に無回答であった１名は回答の対象外となっている。
※通信制高校生は「18 歳以下」と「19 歳以上」の合計。19 歳以上は「いた（現在はお世話をしていない）」、「現在まで継続してお世話をしている」が「いる」に含まれる。

●表 146-1：世話をしている家族の有無
出典：前掲調査報告書 92 頁

（%）

	調査数	3時間未満	3〜7時間未満	7時間以上	無回答
中学２年生	319	42.0	21.9	11.6	24.5
全日制高校２年生	3.7	35.8	24.4	10.7	29.0
定時制高校２年生相当	31	19.4	25.8	9.7	45.2
通信制高校生	49	30.6	34.7	24.5	10.2

※通信制高校生は「18 歳以下」と「19 歳以上」の合計

●表 146-2：平日１日あたりに世話に費やす時間
出典：前掲調査報告書 97 頁

ルト・ケアラー」と呼び分けているそうだ。

ヤングケアラーは、子どもの人権や教育を受ける権利を保障するため、行政、チャリティ団体、学校が相互に連携して、手厚い支援を行っている。しかし、ヤング・アダルト・ケアラーに対する支援は試行錯誤が続いている。

なぜなら、学校を卒業しているため、教育機関を通した支援ができないからだ。この年代にとって、家を出るかどうか、就職をどうするかなどの相談支援や意思決定支援が重要であることは認識されているが、財源と人手が確保されていないのだ（澁谷前掲書二二一-二二三頁）。

それでも、試行錯誤を繰り返しているとはいえ、イギリスではヤング・アダルト・ケアラーの存在が以前から知られているので、まだマシな状況にある。日本では、ようやくヤングケアラーの存在が知られるようになってきた段階なので、まだその域に達していない。

すでにお気づきの読者もいるだろうが、ヤング・アダルト・ケアラーは大卒警備員の新卒の世代である。冒頭の人事担当者が経験したような「お断り」が、大卒の採用でも起こるかもしれない（これとは別に、奨学金の返還も問題となる）。

また、高卒警備員であれば、数年の実務経験を経て、警備業務検定2級などの各種資格取得に挑戦する時期である。現場の実働に加えて、勉強に時間と労力を費やす必要があるのだが、その「時間と労力」を費やせない状況になっている。

つまり、「主力になる若手の警備員」の世代が直面しているのが、ヤング・アダルト・ケアラーの問題なのだ。いくら社長や幹部が「君はいずれ隊長になる。期待しているよ」などと言っても、私生活の制約で期待に沿えない可能性がある。

むしろ、期待に応えられないと感じて、「家族の介護を優先しなければならないので、辞めます」と言われてしまうかもしれない。もちろん、警備員の私生活に過干渉すべきではないが、事情を考慮できる体制を整えなければ、逸材を逃すことになりかねない。

近年の「働き方改革」の議論では、「ワークライフバランスの実現」のもとに、「時短」や「テレワーク」などのキーワードが連呼されているように見えるが、若年層が直面している介護問題も、従来の働き方に一石を投じる視点ではないだろうか。

※その後、澁谷智子は二〇二二年五月に『ヤングケアラーってなんだろう』（ちくまプリマー新書）を上梓し、二〇二〇年の夏に埼玉県内のすべての高校生を対象として行われたヤングケアラー実態調査の結果を踏まえ、高校生たちは次のような経過をたどってケアの影響を受けていくと考察しています。「まずは、①自分の精神面への影響があり、それから、②自分個人で使う時間への影響、そして、③友人との関係や体調への影響があります。さらに、④学校生活の対面を保つことへの影響があり、⑤学校でのコミュニケーションが難しくなっていき、⑥学校に行くことへ

将来への影響、という順序をたどるのではないかと思います」（澁谷前掲書五八頁）。なお、⑥の「将来の影響」とは、「進路についてしっかり考える余裕がない」という状態に陥っていることです。

この澁谷の考察に依拠するのであれば、警備業の人事担当者がヤングケアラーの高校生と面談しても、就職についての知識（業界情報や希望職種など）が備わっていない状態か、そもそも就職に対する心構えができていない状態で面談に臨むことになる可能性があります。その際に、警備業の魅力などを熱心に説明しても、①から⑤にかけての段階で過大なストレスを抱えているため、高校生の心に響かないどころか、かえって高校生に負担感を覚えさせてしまうおそれがあります。そうならないよう、人事担当者は高校生が置かれている状態を冷静に把握し、その上で提供する情報量が過多にならないよう配慮する姿勢が求められるのではないかと思われます。

第147回　大卒警備員の苦境……奨学金返還

（二〇二一年九月五日・一五日合併号　第二八〇号掲載）

前回は、ヤングケアラーの問題に注目し、家族の介護を優先するために長時間労働ができないことから、警備員は忌避されやすい職種だと述べた。一方で、大卒警備員の場合は、ヤング・アダルト・ケアラーでなくても、警備員は忌避されやすいと考えられる。

なぜなら、前回も少しだけ言及したが、「奨学金の返還」が重荷となるからだ。独立行政法人日本学生支援機構の「学生生活調査（平成三〇年度）」によると、大学（昼間部）で何らかの奨学金を受給している学生の割合は四七・五％となっている。

ちなみに、奨学金は「給付型」と「貸与型」の二種類があり、給付型であれば返還義務はない。しかし、給付型の需給条件は厳しく、採用人数は少ない。そのため、多くの学生は卒業後に返還義務がある貸与型を利用している。

なお、貸与型も「無利子型」と「有利子型」の二種類があり、当然ながら無利子型が好まれるが、やはり選考条件が厳しい。したがって、貸与額よりも返還額が大きくなる有利子型を利用する学生が多いのが実情である。

このことから、「数百万円の借金を背負って卒業する」と言われる。筆者も大学教員として、教え子の門出を祝うのが一番の喜びだが、奨学金の返還の話題になると暗澹たる気持ちになる。とはいえ、奨学金のおかげで進学できたことも事実なので、複雑な心境である。

もちろん、優秀な学生は、私生活を維持しながら無遅滞で奨学金を返還できるように、それに見合った給与水準の就職先を希望する。奨学金利用者として模範的な態度である。ところが、模範的で優秀な学生ほど、早々に警備業を選択肢から外すことになる。

厚労省の「賃金構造基本統計調査（令和元年度）」によると、警備員の平均年収は三二七万円であり、給与水準は低い。さらに、この金額は「平均」であり、業務別、企業規模別、地域別、年齢別などの違いが把握できないことも注意が必要だ。

平均値は、水準の高い値に引き寄せられる傾向がある。ということは、大都市圏の大手の警備業者が平均値を引き上げているはずだ。そうなると、地方の中堅以下の警備業者に新卒で入ると、三二七万円よりも低い給与水準になると考えられる。

例えば、東証一部（現：東証プライム）に上場している大手三社を確認すると、二〇二一年三月期の有価証券報告書では、セコムが年収五九二万円、綜合警備保障が五八〇万円、セントラル警備保障が四七四万円となっている（いずれも千円以下四捨五入）。もちろん、これらも平均値なので、新卒の若手警備員の給与水準ではないことに留意すべきだ。

　また、インターネット求人サイトの「インディード」で警備員を検索すると、二〇二一年七月末現在で平均年収二四六万円である。これにはアルバイトの臨時警備員の求人情報も含まれるが、低賃金であることは否めない。

　熱心に就活をしている学生は、これらの数値に敏感に反応する。「警備関係の授業を受けてきたので、警備業界に興味はありますが、これでは奨学金が返還できない」と口にする学生は少なくない。そして、その学生たちの懸念は的中している。

　表147-1は日本学生支援機構の「奨学金の返還者に関する属性調査結果（令和元年度）」である。奨学金の返還を「延滞している最たる理由

区分	最たる理由（択一）					
	男		女		計	
	人数	比率	人数	比率	人数	比率
本人の低所得	276	29.3%	304	34.1%	580	31.6%
本人が失業中(無職)	69	7.3%	80	9.0%	149	8.1%
本人が学生(留学を含む)	0	0.0%	4	0.4%	4	0.2%
本人が病気療養中	49	5.2%	46	5.2%	95	5.2%
本人の借入金の返済	131	13.9%	63	7.1%	194	10.6%
本人親の経済困難（本人が親へ経済援助をしており支出が多い）	66	7.0%	59	6.6%	125	6.8%
本人親の経済困難（本人の親が返還する約束をしている）	61	6.5%	74	8.3%	135	7.4%
本人の配偶者の経済困難	7	0.7%	15	1.7%	22	1.2%
家族の病気療養	31	3.3%	13	1.5%	44	2.4%
忙しい（金融機関に行けない等）	30	3.2%	12	1.3%	42	2.3%
返還割賦額（月額）が高い	34	3.6%	36	4.0%	70	3.8%
奨学金の延滞額の増加	135	14.3%	135	15.2%	270	14.7%
その他	53	5.6%	50	5.6%	103	5.6%
回答者数	942	100.0%	891	100.0%	1,833	100.0%
無回答	114		101		215	

●表 147-1：延滞している最たる理由（択一）

出典：前掲調査結果 30 頁

（択一）」であり、最も多いのは男女ともに「本人の低所得」である。なお、複数回答の「延滞している理由」も同じだ。

その上で、**表147-2**の延滞者の年収を確認すると、大学卒で最も多いのは「二〇〇万円超〜三〇〇万円以下」で二三・二％、次いで「三〇〇万超〜四〇〇万円以下」の一六・四％である。すなわち、警備員の給与水準と一致するのだ。

ただし、同調査では「無延滞者」も同じ年収に集中しているので、同じ給与水準でも奨学金を着実に返還している人も多い。とはいえ、「奨学金を返還できる＝裕福」というわけではない。生活費を切り詰めながら返還しているのである。

いずれにせよ、奨学金の返還を念頭に置いて就活をするとなると、警備業への就職を躊躇してしまうのだ。これまでに筆者も多くの学生の就職相談に応じてきたが、

学種＼年収	大学		大学院		専修学校 専門課程		専修学校 高等課程	
	人数	比率	人数	比率	人数	比率	人数	比率
0円	104	9.9%	12	17.4%	59	14.1%	2	28.6%
100万円以下	127	12.1%	6	8.7%	67	16.0%	3	42.9%
100万円超～200万円以下	164	15.7%	7	10.1%	96	23.0%	0	0.0%
200万円超～300万円以下	243	23.2%	14	20.3%	107	25.6%	1	14.3%
300万円超～400万円以下	172	16.4%	11	15.9%	55	13.2%	0	0.0%
400万円超～500万円以下	108	10.3%	6	8.7%	20	4.8%	0	0.0%
500万円超～600万円以下	42	4.0%	4	5.8%	2	0.5%	0	0.0%
600万円超～700万円以下	29	2.8%	2	2.9%	1	0.2%	0	0.0%
700万円超～800万円以下	14	1.3%	0	0.0%	0	0.0%	0	0.0%
800万円超～900万円以下	4	0.4%	2	2.9%	2	0.5%	0	0.0%
900万円超	11	1.1%	1	1.4%	0	0.0%	0	0.0%
わからない	29	2.8%	4	5.8%	9	2.2%	1	14.3%
計	1,047	100.0%	69	100.0%	418	100.0%	7	100.0%

●表 147-2：延滞者の年収

出典：前前掲調査結果 27 頁

「奨学金を返せるかどうか不安です」と言われると、警備業を勧める心境にならない。

一部の自治体では、「奨学金返還支援事業」を進めており、同事業の認定企業になると新卒採用が有利になる。また、札幌市の北幹警備保障が北海学園大学へ寄付金を贈り、給付奨学金として活用する取り組みも話題になっている。

いくら警備業の「魅力」や「やりがい」を発信しても、学生にとって背に腹は代えられないのである。「警備業に就職すれば、安心して奨学金を返還できる」と思われる業界にならなければ、ますます新卒採用は厳しくなるだろう。

第148回　スケートボーダーvs警備業……五輪後のゆくえ

（二〇二一年一〇月五日　第二八二二号掲載）

コロナウイルス禍により異例の翌年開催となった東京オリンピック二〇二〇で、日本は二七個の金メダルを獲得した。その中で注目を集めたのは、スケートボードの西矢椛である。一三歳一〇ヶ月での金メダル獲得は、日本選手の最年少記録を更新する快挙となった。今大会のスケートボードは、日本勢のメダルラッシュだった。堀米雄斗と四十住さくらも金、一二歳の開心那が銀、中山楓奈が銅である。惜しくも四位だったが、岡本碧優も健闘した。

スケートボードは、今大会の新種目であり、大会前から注目されていた。特に、コロナウイルス禍でも、屋外で人と距離を保って楽しめる点で、人気が高まっていたのだ。一方で、スケートボードによる道交法違反や、文化財破損などのトラブルも報じられている。

例えば、愛知県豊橋市では公道で滑走を続けた少年四人に赤切符が交付され、山口県岩国市では錦帯橋を傷つけたスケートボーダーが書類送検されている。ルールを知らない初心者が増加したことが背景にあるという（『産経新聞』二〇二一年四月二〇日付朝刊）。

しかし、このようなトラブルは以前から頻発していた。そして、スケートボーダーと真っ向から対峙してきたのは、商業施設や公園などの警備を担当している警備員たちである。つまり、各地で「スケートボーダー vs 警備員」の攻防が繰り広げられてきたのだ。

その実態を緻密な現地調査によって明らかにしたのは、社会学者の田中研之輔である。田中によれば、スケートボードという文化的行為は、ストリート文化的活動、非行・逸脱的行動、スポーツ的身体活動の三つの境界領域にある（『都市に刻む軌跡』新曜社、二〇一六年）。

オリンピック種目である競技としてのスケートボードは、「スポーツ的身体活動」の側面に特化している。一方で、路上や公園、または商業施設などの公開空地で行われるスケートボードは、「ストリート文化的活動」と「非行・逸脱的行動」の側面が強い。

　言うまでもなく、トラブルに発展するのは後者である。ただし、スケートボードの歴史を踏まえると、後者が元々のスタイルだと言える。

　スケートボードの源流は、一九三〇年代にカルフォルニアで生み出されたスクーター・スケートである。木製ハンドルに両手をかけ、片足をスケーターに乗せ、もう片方の足で地面を蹴って進むものだ。現在のキックボードに近い乗り方である。

　その後、スケートボードは若年層の移動手段としてアメリカ西海岸地区で普及するが、一九六〇年代以降にサーファーがハンドル無しで半身の体勢で乗り、歩道を走るようになる。そのため、「歩道のサーフィン」と呼ばれていた（前掲書七九－八〇頁）。

　スケートボードが移動手段からパフォーマンス（「トリック」という）になると、大通りではなく路地にスケートボーダーが集まるようになる。人通りが多いとトリックに集中できず、路面がタイルだと溝があって滑走が悪くなるためだ。

　一方で、細い路地や路地裏は、トリックに手頃な階段や花壇などがあるため、練習場所としては好条件である。もちろん、ここでの「好条件」はスケートボーダー目線であり、管理者や警備員が条件を整えているわけではない。本来の場所の使用法から逸脱するのだ。

こうして、スケートボードは路上の逸脱的行動となった。本連載の第95回（単行本第三巻収録）では、近隣住民から「迷惑」な存在とみなされていたスケートボーダーが、清掃活動などを行って好意的に受け入れられた例を紹介したが、そのような例は稀である。

多くの場合、近隣住民や施設管理者は、スケートボーダーを退けている。その「退け役」の先頭に立たされるのが警備員である。スケートボーダーの視点から見れば、警備員は邪魔者であり、疎ましい存在に映るだろう。

スケートボーダーたちは、警備員の巡回の合間を狙い、監視の目を掻い潜りながら活動する。警備員も負けじと、現場に水を撒いたり、カラーコーンを設置して現場を閉鎖するなどの措置を講じる。路面が濡れるとトリックができないので、水撒きは有効だそうだ（前掲書五九頁）。

とはいえ、スケートボーダーは迷惑をかけるためにトリックをするわけではないし、警備員も疎まれる仕事をしたいわけではない。現状で

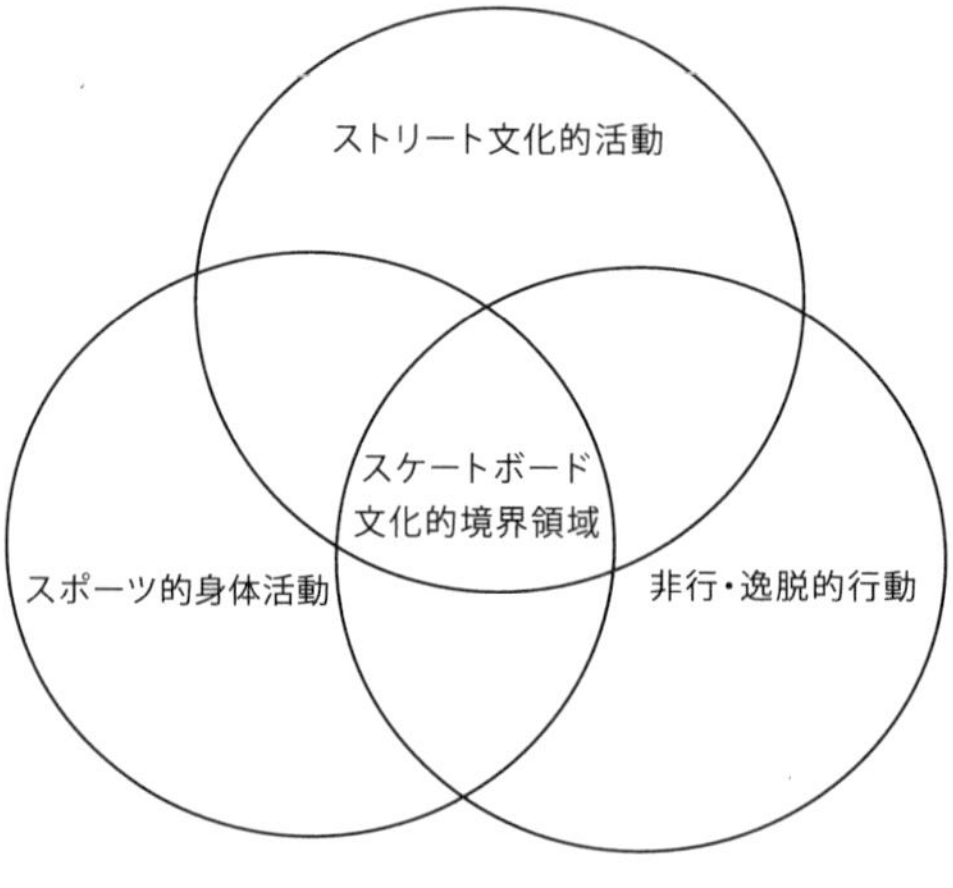

●図 148：スケートボードという行為領域
出典：田中前掲書 85 頁

は、誰も得をしない状態で、スケートボードをめぐるトラブルが頻発しているのだ。

この問題の解決策として、以前から練習場を増設すべきとの意見が出されていた。一部の自治体や民間施設では、練習場の増設に取り組んできたが、スケートボードのイメージの悪さもあってか、充分な整備が進んでいないのが実状である。

今回のメダルラッシュで、スケートボードのイメージが改善し、練習場が整備されるようになれば、純粋にスケートボードを楽しみたい人は、練習場所を移すだろう。そうなれば、警備員の負担も大幅に軽減されると期待できる。

つまり、今回のメダルラッシュは警備業にとっても朗報なのだ。この朗報が期待外れにならないことを祈りつつ、五輪後のゆくえを見守りたい。

第149回　築城一〇年、落城一日……信頼の非対称性原理

（二〇二一年一〇月一五日・二五日合併号　第二八三号掲載）

「築城一〇年、落城一日」

これは筆者が一〇年間勤めた警備業者の社内に掲示されていた言葉である。社長の署名付きで、管制室と研修室の最も目立つ位置に、額縁に入れて飾られていた。当時二〇歳くらいだった筆者にとって、「一〇年」の歳月は人生の約半分なので、この言葉が重く響いた。

この言葉と同じ意味の心理学用語に、「信頼の非対称性原理」がある。信頼を得るには、長い時間をかけて多くの肯定的な実績を積み重ねることが必要だが、信頼を失うのは一瞬であり、ひとつの否定的な事実があれば充分だ、ということである。

心理学者の中谷内一也は、信頼を得るための事実の量や時間と、信頼を失うための事実の量や時間が対称をなしておらず、私たちは心理的に不信に傾きやすいことから、「信頼の非対称性原理」と言われていると解説している（『安全。でも、安心できない…』ちくま新書、二〇〇八年、七〇頁）。

それでは、「信頼」とは何か。これも多くの心理学者や社会学者が研究してきた奥が深いテーマである。中谷内はリスク管理者やリスク管理組織が、どうすれば信頼を得られるのかを検討している（前掲書八〇－一〇四頁）。

中谷内は警備業のリスク管理を論じているわけではないが、リスク管理者は警備員やセキュリティ・プランナーなどの有資格者、リスク管理組織は警備業者に該当するので、本書ではそのように読み替えてもらいたい。

まず、各種の研究成果を横断的にみていくと、「能力」は信頼を導く主要要因のひとつとして、かなり安定して確認されているという。能力の内訳は、専門知識、専門的技術力、経験、資格である。言いかえれば、これらの能力が乏しいと、信頼を得ることは難しいのだ。

とはいえ、「能力がある」というだけで、信頼を得ることも難しい。いくら「経験豊富で資格もあり、知識と技術に自信があります」などと言っても、全国に約五九万人の警備員、約一万社の警備業者がひしめく業界では、「代りはいくらでもいる」と思われるだろう。

そこで重要になるのは、「能力への期待」だけではなく、「受託責任を果たすことへの期待（意図への期待）」である。これらは「信頼の二要因」と言われ、両方の期待に応えなければ信頼を得られないのだ。

すなわち、能力があるのは当然で、それに加えて仕事をまじめに、熱心に、公正に、思いやりをもって取り組む姿勢（意図）があることが重要なのだ。これは心理学の「動機づけ」に対応しており、**表149**のように整理されている。

以上を小括すると、「専門的な知識に裏付けられたリスク管理能力をもち、公正な立場で、一生懸命に業務に取り組んでくれるリスク管理者なら、信頼して管理を任せておける」（前掲書八六頁）という評価になる。

おそらく、ここまでの話を「あたりまえのこと」だと感じた読者もいるだろう。わざわざ心理学に拠らなくても、仕事をする上で当然のように備えていなければならない資質であり、改めて強調することではない、と。

しかし、ここで中谷内が強調しているのは、「信頼を導くのは自分たちがどのような姿勢でリスク管理しているかではなく、人びとの目にどのような姿勢でリスク管理していると映っているか」である。

中谷内は誤解を招かないよう「決して外面を取り繕って〝いい人〟に見える演技力を身につけるよう推奨しているわけではない」と

	リスク管理の能力	リスク管理の姿勢
心理学の用語	能力（Competency）	動機づけ（Motivation）
下位項目	専門知識 専門的技術 経験 資格	まじめさ　コミットメント　熱心さ 公平さ　中立性　客観性　一貫性 正直さ　透明性　誠実性 相手への配慮（ケア）　思いやり

●表149：信頼を導くといわれる主な評価要素

出典：中谷内前掲書89頁

断った上で、「まじめに仕事をしていれば、何も言わなくても、皆、わかってくれるはずだ」という考えは傲慢だと述べている（前掲書九〇頁）。

かなり辛辣な指摘だと思われるかもしれないが、これは「異常なしがあたりまえだから、警備の成果は評価されない」という、警備業の積年の課題である「成果の不可視性」に通底している。

たとえ一〇年間、弛まぬ努力で「異常なし」を続けたとしても、一日の「異常あり」で過去一〇年分の苦労が水の泡になってしまうこともある。つまり、失敗が許されず、本当に「築城一〇年、落城一日」になる恐ろしさと常に向き合うのが警備の宿命である。

だからこそ、中谷内は「リスク管理機関は、技術的にリスクを低下させさえすれば、それがそのまま信頼獲得に直結するとは考えず、信頼を得るためには、専門外の人びとにメッセージを送る労力も必要なのだと理解しておくべきだろう」と述べる（前掲書九一頁）。

ただし、メッセージの送り方にも注意が必要である。一方的に専門性の高い話を続けても、相手が話についていけなくなり、逆に不信感を抱くかもしれない。「難しいことを言って、素人をはぐらかそうとしている」という受け止め方をされる。だからこそ、中谷内は相手とコミュニケーションを取る姿勢が重要だと力説する。

そうすれば、話の内容が充分に理解できなくても、一生懸命にコミュニケーションを取ろうとする姿勢により、信頼を得やすくなるという。つまり、「能力＋姿勢＋コミュニケーション」という三点セットで考える必要があるのだ。

以上が信頼を得るための心理学的な考え方だが、あと一つ、筆者が重要だと考えているのは、専門家としての「立場」である。それは物理学の分野で指摘されているのだが、詳細は次回のお楽しみ。

第150回　性能がよくなるとリスクが上がる？……警備診断の哲学

（二〇二一年一一月五日　第二八四号掲載）


前回は、「信頼の非対称性原理」に注目しながら、信頼を得るための心理学的な考え方について説明した。読者の皆様の中でも、警備の専門家として本書を読んでいる方であれば、信頼を得るために日々精進していることだろう。

そこで重要になるのは、専門家としての「立場」である。物理学者の武谷三男は、安全を考える場合、いつも「公共・公衆の立場」と「利潤の立場」が対立していると指摘する（『安全性の考

え方』岩波新書、二刷改訂版一九六八年、二〇四頁）。

武谷によれば、安全を考えるには、公共・公衆の立場に立つ専門家の意見が尊重されなくてはならない。ところが、専門家の立場が問題になることはなく、これが日本の安全問題の最大の欠点だと述べている（前掲書二〇四頁）。

その典型例として挙げられているのは、全日空ボーイング七二七の事故調査委員長を務めた工学者（大学教授）が、実はボーイング七二七の輸入を決めた技術責任者であったという事例である（前掲書二〇六頁）。つまり、利潤の立場に立つ専門家が委員長を務めたのだ。

事故調査委員長は、公平・中立的に事故原因を究明し、調査結果を取りまとめる責任者である。にもかかわらず、利潤の立場に立つ専門家が委員長を務めれば、都合の悪い事故原因を隠したり、関係者に忖度して正しい判断ができないかもしれない。

そうなると、事故原因がいつまでも改善されず、事故が続発するおそれがある。また、加害者側の過失責任が曖昧になり、被害者側が泣き寝入りを強いられる事態にもなりかねない。だからこそ、公共・公衆の立場が求められるのである。

その上で武谷は、機械の性能がよくなるとリスクが上がる可能性を指摘する。通常は性能がよくなれば安全性が上がり、リスクは下がると考える。いわゆる「安全神話」である。これは性能のよさを安全にすりかえた議論であり、「だまされてはならない」と辛辣に警鐘を鳴らしている

（前掲書二〇八頁）。

なぜなら、性能がよくなったことで、保安要員などの人員を減らし、合理化を図る場合があるからだ。性能のよさは利潤の立場から見たよさであり、公共の安全を守る立場からのよさではないというのである。

例えば、高性能のセンサーがあれば、機械警備の精度は上がる。しかし、性能のよさを過信して警備員や技術員を削減すると、即応体制に不備が生じたり、故障に気づかず放置するなどの事態に陥る。その結果、リスクが上がるのである。

もちろん、経営者が利潤を追求するために、経費を節減して合理化を図るのは理解できる。しかし、必要な人員まで削減し、結果的に重大な事故を起こしてしまえば、信頼は失われる。まさに「築城一〇年、落城一日」である。

その後、信頼回復に努めるとしても、そのために社員は奔走し、疲弊していく。また、事故によって被害者が出た場合は、その償いをしなければならない。金銭的な補償だけではなく、死傷者への償いは生涯続く。失われた命や狂わされた人生は戻らないのだ。

●図150：警備診断の罠

出典：「イラストAC」フリー素材を使用して筆者作成

生命・身体の尊さについては、多くの者が頭では理解しているだろう。しかし、利潤を求める立場にある者は、危険性を強調すると商売にならないので、安全性を強調する。言いかえれば、あえて危険性から目を背けさせるのである。

だからこそ、危険性を強調する者は、公共・公衆の立場に立っている者で、信頼できるというのだ。また、危険性を強調する者は本質を理解しており、よく注意して取扱うので、安心して油断したり、想定外の事態に陥る可能性が低いと述べる（前掲書二二四―二二五頁）。

この考え方に基づくと、「警備診断」の奥深さに気づかされる。警備診断は、警備契約を行うにあたって、個々の警備業務対象施設の実態を把握し、警備の効率・効果を高めることを目的として行うものだ（鈴木康弘『防犯・防災・警備用語事典』明石書店、二〇一四年、一一三頁）。

当然ながら、警備診断では現場を実査して、危険な箇所を探索する。すなわち、あえて危険性を強調するのである。この段階では、利潤の立場とは逆の発想で契約者と向き合うことになるのだ。

しかし、警備診断を経て、具体的に警備計画を立案する段階になると、立場が逆転する。いかに効率的に安全性を高められるかを考えるようになるのである。こうして、最終的には安全性を強調する立場に帰結する。

したがって、警備診断とは、警備の専門家が利潤の立場から一時的に離脱し、公共・公衆の立場で現場の危険性を強調する行いである、と言いかえられる。

警備業がビジネスである以上、利潤の立場から完全に離脱することはできない。しかし、利潤の立場だけで警備計画を立案し、警備業務を実施するようになると、公共・公衆の立場は失われる。

そして、いつしか防犯機器の性能のよさを過信し、必要な警備員数を見誤り、リスクが上がっていることに気づかないまま、安全性を強調するだけの専門家になるおそれがある。これは武谷が批判していた専門家の有様である。

そう考えると、警備診断は警備の専門家に公共・公衆の立場を与え、危険性を直視する貴重な機会だと言える。この立場があってこそ、警備の専門家は信頼を得られるのである。

第151回　監視・巡回と「静穏な環境」……図書館の防犯

（二〇二一年一一月一五日・二五日合併号　第二八五号掲載）

二〇二一年一〇月一八日に、図書館内で女子中学生に強制わいせつ行為をしたとして、四一歳の男性が逮捕された。

事件が発生したのは九月二二日の夜八時頃であった。被害者の女子中学生は、本棚の脇に設置された椅子に座り、漫画を読んでいた。すると、男性が被害者にゆっくりと近寄り、約三〇分間にわたって男性器を露出し、被害者の身体に密着させたということだ。

報道によれば、約三〇分の間に、何回か近くを人が通ったが、男性は人の気配を感じるたびに性器を一時的に隠し、通り過ぎた後に犯行を再開していた。被害者は恐怖のあまり声を出せず、その場から逃げることもできずに、最後は両胸を鷲づかみにされた。

大胆な犯行ではあるが、現場は東京の新宿区立中央図書館であり、規模が大きく死角が多かった。結果的に、図書館の職員や利用者は犯行に気づかず、被害者が交番に駆け込んだことで事件が発覚している（日刊ゲンダイDIGITAL二〇二一年一〇月二〇日九時〇六分配信）。

被害者のメンタルケアが必要なのは言うまでもないが、男性にも再犯を防ぐための治療が必要だと考えられる。なぜなら、男性には「図書館で欲情する」という性癖があり、公然わいせつなどの前科前歴も一六件あったため、性依存症が疑われるからだ。

よく「性犯罪は再犯率が高い」と言われるが、性依存症であれば厳罰化しても効果は低く、何回も犯行を繰り返す傾向がある。そのため、治療的司法の観点から、認知行動療法などを導入して改善を図るのが良策であろう。

ただし、この事件を本書で取り上げる理由は、当事者のケアや治療の必要性を説くためではない。犯行現場となった「図書館」という空間の防犯性を考えるためだ。今回は性犯罪であったが、そもそも図書館は窃盗や器物損壊の被害が発生しやすい環境である。

図書館の多くは、**図151**のイメージの通り、大型の本棚を並行に配置しているため、全体を見通すことができない。司書などの職員も全体を常時監視できるわけではない。つまり、監視性が低い空間だと言わざるを得ないのである。

また、利用者の視線は手元の本に集中しており、周囲の様子を窺う機会は少ない。目当ての本を探すときも、本棚の蔵書に視線が集中しているので、他の利用者の異様な動きに気づかない可能性も高い。そのため、蔵書を盗む機会はいくらでもある。

もちろん、貸出手続きを経ていない蔵書の不正持ち出しについては、ＥＡＳゲート（万引き防止システム機器）の設置で対応できる。しかし、一部のページを抜き取って持ち出されたら、ひとたまりもない。筆者は仕事柄、図書館をよく利用するが、抜き取り被害に遭った蔵書を手にしたことが何回かある。

さらに、蔵書の汚損被害も甚大である。水濡れや書き込みも多いが、明らかな悪意を感じる汚損もある。菓子の食べかすや埃のかたまりを不自然に挟み込んだり、鼻糞と思われる異物が付着している本を手にしたこともあった。

●図151：死角が多い図書館内
出典：「イラストAC」フリー素材

これらの被害は、必ずしも図書館内で発生しているとは限らない。当然ながら、貸出期間中に汚損した場合もあるだろう。しかし、貸出禁止（館内閲覧のみ）の本でも被害が見受けられるので、図書館内で悪事をはたらく利用者がいることも事実である。

いずれにせよ、他の利用者に強い不快感や失望感を与える行為であり、本に対する愛着や著者への敬意も感じられない。当然ながら、公共財の保護の観点でも由々しき事態である。

このような被害を防止できないかと、数年前に一度、警備業関係者と議論したことがある。そのときは、制服警備員が定期巡回して「見せる警備」を実施すれば、抑止力になるという意見が大半だった。すなわち、施設警備による防犯である。

しかし、その方法だと警備員の存在が利用者に知られるので、警備員が去ったことを確認して犯行に及ばれたら、防ぎようがない。冒頭で紹介した性犯罪の事例も、約三〇分間も犯行が続いたわけだが、巡回の頻度を考えると、被害の未然防止は困難である。

とはいえ、巡回の頻度を上げると、警備員の動きが目障りになる。さらに、警備員が利用者に注意喚起などの声がけを行えば、図書館の「静穏な環境」が損なわれてしまう。そうなると、「警備が厳重すぎる」という苦情が寄せられるおそれもある。

このような課題を抱えている以上、施設警備の要領だけで図書館の防犯性を上げることは難しい。やはり保安警備の要領も活かして、窃盗や器物損壊を現認し、身柄を捕捉することで、再発防止につなげる努力も必要ではないだろうか。

保安警備であれば、私服警備員による監視・巡回になり、利用者の一人として紛れることができるので、警備員が目障りになることはないだろう。また、被疑者に対する声がけも退館後に行うので、館内の静穏な環境も保持される。

このように、筆者としては量販店と同様の保安警備要領で、図書館の防犯にも対応できると考えているが、もちろん予算などの制約も考慮する必要がある。また、筆者の不勉強で、同様の要領では対応できないかもしれない。

読者の皆様から、建設的な意見があれば、ぜひ教えていただきたい。

第152回　刺客は体内にあり……青木まりこ現象

（二〇二一年一二月五日・一五日合併号　第二八六号掲載）


前回は図書館の防犯について考えたが、それに関連して、今回は「青木まりこ現象」に注目したい。

青木まりこ現象とは、書店にいると便意を催す現象である。一九八五年二月に刊行された『本の雑誌』の四〇号に、「私は書店に行くと、なぜか便意を催す」という内容の読者投稿が掲載され、投稿者の氏名が現象の名称になって広く知られるようになった。

ただし、青木まりこ現象が発生する要因は科学的に解明されておらず、複数の仮説が乱立している。また、個人差が大きいようで、腹痛の程度が人によって異なったり、尿意を催す人もいたりする。投稿者も図書館や古書店で便意を催すことはないようだ。

そのため、科学的な定説を導くことが難しく、都市伝説の扱いをされることもある。とはいえ、本がたくさんある場所にいると排泄欲が高まるという人は実際に存在するので、単なる噂話ではないだろう。ぜひ、学際的に究明したいテーマである。

そこで気になるのは、書店や図書館を監視・巡回している警備員の中で、勤務中に青木まりこ現象を経験した人がいるかどうかだ。突発的に耐えがたい便意に襲われたら、当然ながら業務に支障が生じるので、警備計画や労務管理の観点でも無視できない。

例えば、書店の万引き対策を担当する私服警備員が便意を催して現認・追尾ができなくなったり、巡回中の制服警備員が用便のためルートを外れるようなことがあれば、その隙を狙って商品が万引きされたり、蔵書が棄損される可能性がある。

また、頻繁に青木まりこ現象に見舞われている警備員であれば、本が多い場所を嫌がるかもしれない。「書店の監視・巡回」と聞いただけでストレスを感じるであろう。「乗り物酔いがつらいから旅行は嫌い」という心境と同じである。

医師の井戸政佳は、青木まりこ現象が「条件反射」と「共通の行為」によって引き起こされるのではないかと推察している（『なぜ本屋にいるともよおすのか』有峰書店新社、二〇一一年、一三六－一三七頁）。

条件反射は、過去に書店で便意を催した経験や、書店で便意を催す人が多いという思い込みや裏づけにより、便意が誘発されるというものだ。すなわち、心理的な不安感やストレスに身体が反応して、便意を催すのである。

また、共通の行為は、「整然と並んでいるものの中から、集中して、目を動かして、目的のものを探す」という行為である。本棚に整然と並んでいる本の中から、目的の本を探す行為が、便意を誘発するという。

条件反射については、有名な「パブロフの犬」の実験で証明されたメカニズムであり、心理学的に説得力のある仮説だ。一方で、共通の行為については、よくわからないので何とも言えない（筆者が不勉強だからかもしれないが）。

しかし、共通の行為によって便意を催すのであれば、モニター監視業務などを担当する警備員も、青木まりこ現象と同様に便意と闘うことになるかもしれない。警備員を苦しめる刺客は体内にいるのだ。

もちろん、すべての警備員の要望通りに配置を調整するのは困難であり、「業務命令に従え」と言わざるを得ない状況もある。しかし、勤務中に体調不良になる頻度が高ければ、警備体制が崩れてしまう。可能な限り、警備員の体質を考慮して配置することが望ましい。

さて、ここまでは便意が誘発される要因を考えてきたが、逆に便意が抑制されやすい状況もある。井戸によれば、交感神経が刺激されると、消化管の血流が減少し、腸の活動が鈍くなるため、便意が抑制されるという（前掲書一三一 一四頁）。

交感神経が刺激される状況は、「闘争か逃走」である。敵と対峙した際に、闘うのか、それとも逃げるのかを考えるような緊迫した状態になると、交感神経が刺激される。そして、交感神経が刺激され続けると、腸の動きが活性化しないので、便秘になる。

おそらく、警備員にとって重要なのは、青木まりこ現象よりも、常に緊張感を保ちながら勤務した結果、便秘になるという問題ではないか。もちろん個人差はあるが、筆者は警備員時代に、数名の同僚から便秘を自慢されたことがある。

その同僚たちは、「俺にトイレ休憩は不要だ」と豪語していた。いずれも中高年の男性警備員であったが、「体力に自信がある」や「トイレ休憩でポストを空けることがないから現場に迷惑をかけない」ことを自慢していたのだ。

確かに、体力があることや、ポストを空けないことは、警備員として自慢できることだ。また、二号業務では近くにトイレがない現場もあるため、有利な体質でもある。しかし、排便の話題を不快に思う人もいるので、微妙な雰囲気だった。

このような経験から、筆者は警備員の排泄管理の実態に関心を抱いてきた。勤務中の排泄管理だけならよいが、私生活でも便秘の傾向があるようなら、健康状態を危惧する必要がある。医学に詳しい読者がいたら、ぜひ議論したい。

ちなみに、筆者は本に囲まれて研究活動をしているが、整然とした環境が苦手で、図152の通り「雑然」を好んでいる。この状態で青木まりこ現象が起こるのかも気になる。もっとも、几帳面な人には居心地が悪く、ストレスを感じる空間だろうから、そういう人は入室しないのが無難だ。

●図152：雑然とした田中智仁研究室
出典：筆者撮影

第153回 「絶対大丈夫」は「根拠ある自信」……スワローズ日本一

（二〇二二年一月一日　第二八七号掲載）

二〇二一年は、筆者にとって夢のような一年であった。東京ヤクルトスワローズがセ・リーグ優勝、ＣＳ（クライマックスシリーズ）を勝ち抜き、日本シリーズでもオリックスバファローズとの激闘を制して、二〇年ぶりに日本一に輝いたからである。

本連載の愛読者であればご承知の通り、筆者は熱烈なスワローズファンである。近年は研究室所蔵の資器材（図153）の稼働率が低下していたが、二〇二一年の夏からフル稼働が続いた。コロナウイルス禍の影響で、聖地・明治神宮球場へ行けなかったのは残念だが、いつも画面越しに、心を込めて「応燕」した。

優勝争いが激化した九月七日、高津臣吾監督は選手たちに「絶対大丈夫」と語りかけた。この「絶対大丈夫」について、ジャーナリストの清水満は、選手たちの潜在能力をポジティブに変化させた「根拠なき自信」の言葉だと論評している。

清水によれば、「根拠ある自信」は経験や実績に基づくが、一旦その根拠が崩れると、過去に

●図153：研究室所蔵の資器材
出典：筆者撮影

しばられて「こんなはずでは…」と落胆するので、意外に脆いという（夕刊フジ二〇二一年一二月一日一七時〇〇分配信）。だが、本当にそうだろうか。

筆者は、スワローズ躍進の要因として、①ベテランと若手の協同、②投手力の向上の二点が大きいと考える。いずれも、経験や実績に基づく「根拠ある自信」であり、その自信が不安感で潰されないようにするための言葉が「絶対大丈夫」ではないか。

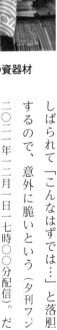

低迷しているチームの選手は、勝利することの難しさを痛感し、自信を喪失しやすい。それが前年までのスワローズの実状である。その中で、経験の浅い若手（例えば塩見泰隆選手や村上宗隆選手）に「絶対大丈夫」と語りかけても、それだけで自信を取り戻すことは難しいだろう。

やはり、青木宣親選手や嶋基宏選手らベテランが、経験や実績に基づく的確な助言をしながら、チーム全体を鼓舞したことで、若手が存分に活躍できる環境になったと考えられる。新加入のドミンゴ・サンタナ選手とホセ・オスナ選手がチームに馴染んだのも、その環境があったからではないか。

ベテランと若手が良好な関係を形成し、協同できる環境を整えることは、警備業にも通底する。警備員も経験年数や勤務実績の個人差が大きいので、隊長クラスのベテランが各隊員に的確な助言をしながら、警備隊のチームワークの質を高める必要がある。

それに、事前の警備計画で想定していなかった事態が生じた際に、「根拠なき自信」で解決を図るのはリスクが大きい。経験の浅い警備員が不安を感じたとき、「根拠ある自信」で対応を指示するベテランがいることで、不安も解消される。

当然ながら、根拠には経験やデータに裏づけられた説得力が必要である。スワローズの場合、投手出身の監督とコーチが経験とデータを根拠にして、ローテーションや継投を確立したことで、投手力の向上につながったと考えられる。

そのキーマンは、伊藤智仁コーチだ。本連載の第七七回（単行本第二巻収録）では、同年最下位に沈んだスワローズの敗因の一端が伊藤コーチにあると述べたが、「伊藤智仁」は往年のスワローズファンにとって伝説の名投手である。

そのため、当時は伊藤コーチを戦犯扱いすることに筆者自身も悲しみを覚えた。しかし、伊藤コーチはその後、データ分析の技術を修得し、トラックマンやホークアイを活用して、明確な根拠に基づく指導を徹底するようになった。

二〇二一年の指導では、「個別指導」と「宿題制度」を設けた。登板翌日の午前中に投手と二人で投球の映像を確認して、次回登板までのテーマと課題を出し、投手もそれに応えた（デイリースポーツ二〇二一年一〇月二七日一一時〇〇分配信、サンケイスポーツ二〇二一年一〇月二八日七時三〇分配信）。

こうして、反省点を改善することで「投壊」は減り、怪我で戦列を離れる「ヤ戦病院」も見られなくなった。投手力の向上の秘訣は、「根拠なき自信」ではなく、「明確に根拠を示して自信をもたせる」ことにあったのだ。

それでは、警備業の場合はどうだろうか。はたして、警備員に対してデータに基づく明確な根拠を示し、自信を持たせる指導ができているのだろうか。逆に、「根拠なき自信」を盲信し、自信過剰になっている警備員もいるのではないか。

もちろん、日々の業務が多忙で、指導の余裕がないことは理解している。しかし、警備員の質的向上を目指すにあたり、法定教育や資格取得のための教育だけでは不充分だということは、多くの指教責（「警備員指導教育責任者」のこと）が感じていることだろう。

「練習の成果を試合で発揮できない」のと同じく、「訓練の成果を現場で発揮できない」という経験が重なると、警備員は自信を失い、自身の能力を過小評価してしまう。一方で、不適切な対応を続けていることに気づかず、自身の能力を過大評価することもある。

そうならないように、例えば施設警備であれば、施設内のカメラに記録されている警備員の立哨姿や、出入管理や巡回をしている姿を確認し、「このときの態度や対応は良かったのか、どう改善すればよいのか」といった指導ができるのが望ましい。

その積み重ねが、警備員の活躍につながり、警備業の発展に資するのではないだろうか。

第154回　護身術の起源を探る……柔術と警備

（二〇二二年一月一五日・二五日合併号　第二八八号掲載）

筆者は「現代武道学科」の教員であり、現在は学科長補佐を務めている。「武道」と「社会の安全・安心」を融合した学科なので、武道系の教員と警備・警護系の教員が協力して運営しているが、筆者自身は武道未経験の役立たずで、いつも同僚に迷惑をかけている。

とはいえ、学科の管理職である以上、武道と警備の関連を追究しなければならない。授業や学生募集の場では、「警備業界には多くの武道家がいて、警備員教育にも武道が応用されている」と説き、学科の特色を強調している。

この説明が間違っているとは思わない。しかし、もし「いつから武道と警備が関連するようになったのか」と問われたら、回答に困ってしまう。警備業の教本には、護身術の意義と実践法の説明はあるが、歴史的な背景は説明されていないからだ。

また、武道は「日本の伝統文化」と言われるが、諸外国の警察官や警備員も武道を応用した護身術を体得している。一体、武道はいつ、どのように世界へ伝播し、警備の基本的な技術として普及したのか。そのヒントを得るために、歴史研究の文献を手に取ってみよう。

歴史社会学者の藪耕太郎によれば、二〇世紀初頭に柔術・柔道の世界的な流行がみられたという。その中で藪は、アメリカを中心とした柔術ブームに着目し、興味深い考察を展開している(『柔術狂時代』朝日選書、二〇二一年)。

同書には多くの人物が登場するが、まず注目すべきなのは、長崎県警で外国人警察官として勤めていたオブライエンと、その師匠にあたる井上鬼喰である。長崎県警の訓練で井上から柔術を修得したオブライエンは、アメリカへ帰国する際に、井上を連れて行く。

そして、一九〇〇年に二人はボストン市警で柔術を披露し、「日本の柔術を学ぶことによって、間もなく警察官は拳銃と棍棒を片付けることになるだろう」と報じられるほどの賛辞を得る。その勢いでニューヨークにも進出し、多くの警察関係者が柔術を賞賛した。

さらに、オブライエンは大統領専属の柔術指導者となり、第二六代大統領のセオドア・ローズヴェルトに柔術を教えた。これを複数のマスメディアが大々的に報じたことで、柔術はアメリカ北東部で広く知られるようになった（前掲書二〇－三三頁）。

また、一九〇四年には柔術家の東勝熊が、ニューヨーク市警本部に招かれた。巷で話題の柔術の真贋を見極め、警察への柔術の採用の可否を判断するためである。その場で東は、市警が誇る屈強な警察官五人と対決することになるが、二人を倒したところで対決は終了した。

五人の中でも特に強者だった二人を圧倒したことで、立会人は「もう存分に見た」と宣言したのである。その後、ニューヨーク市警は柔術を護身術として最適であると認め、警察の訓練に導入している（前掲書一一八－一一九頁）。

こうして、柔術はアメリカで「警察官の護身術」として普及したが、欧州や中南米でも広く知られるようになる。例えば、アルゼンチンでは一九〇六年の新聞記事で、イギリスとフランスの警察が柔術を警察官の訓練に取り入れたことが写真付きで紹介されている。

その上で、柔術はボクシングとは異なり、殴った相手に起訴されるような心配をする必要がなく、警察官にとって有益だと論じられた。つまり、柔術は良質な警察官の育成に資するため、自国の警察もイギリスとフランスの警察を見習うべきだと主張されているのだ（前掲書二六〇－二六二頁）。

このような歴史的背景から、柔術が警察官の護身術として世界的に普及し、現在では術が体系化されて「武道による警察官育成」が図られていると言える。しかし、民間の警備員育成に武道が導入された経緯は明らかにされておらず、今後の研究が待たれる。

もちろん、研究を進める上で、着眼点は複数ある。藪の研究は主に人物伝だが、技の形（型）の変遷を追うことで、現在の警備員教育で用いられている技が、いつ、どのように定着したのかを検証することも可能だろう。

例えば、**図154-1**は一九一三年にエルサルバドルで出版された『護身術／柔道』に掲載された写真で、近年の研究では本覚克己流の「違詰」との共通性が指摘されているという。

一方で、**図154-2**は全警協発行の教本『実践的護身術』（二〇〇四年）に掲載されている「左への腕さばき」

●図154-1：護身術として紹介された技術
出典：藪前掲書257頁

である。二つの図を比べると、相違点が多いことは否めないが、「左手をつかむ」と「相手の体勢を崩す」という技の要点は共通している。

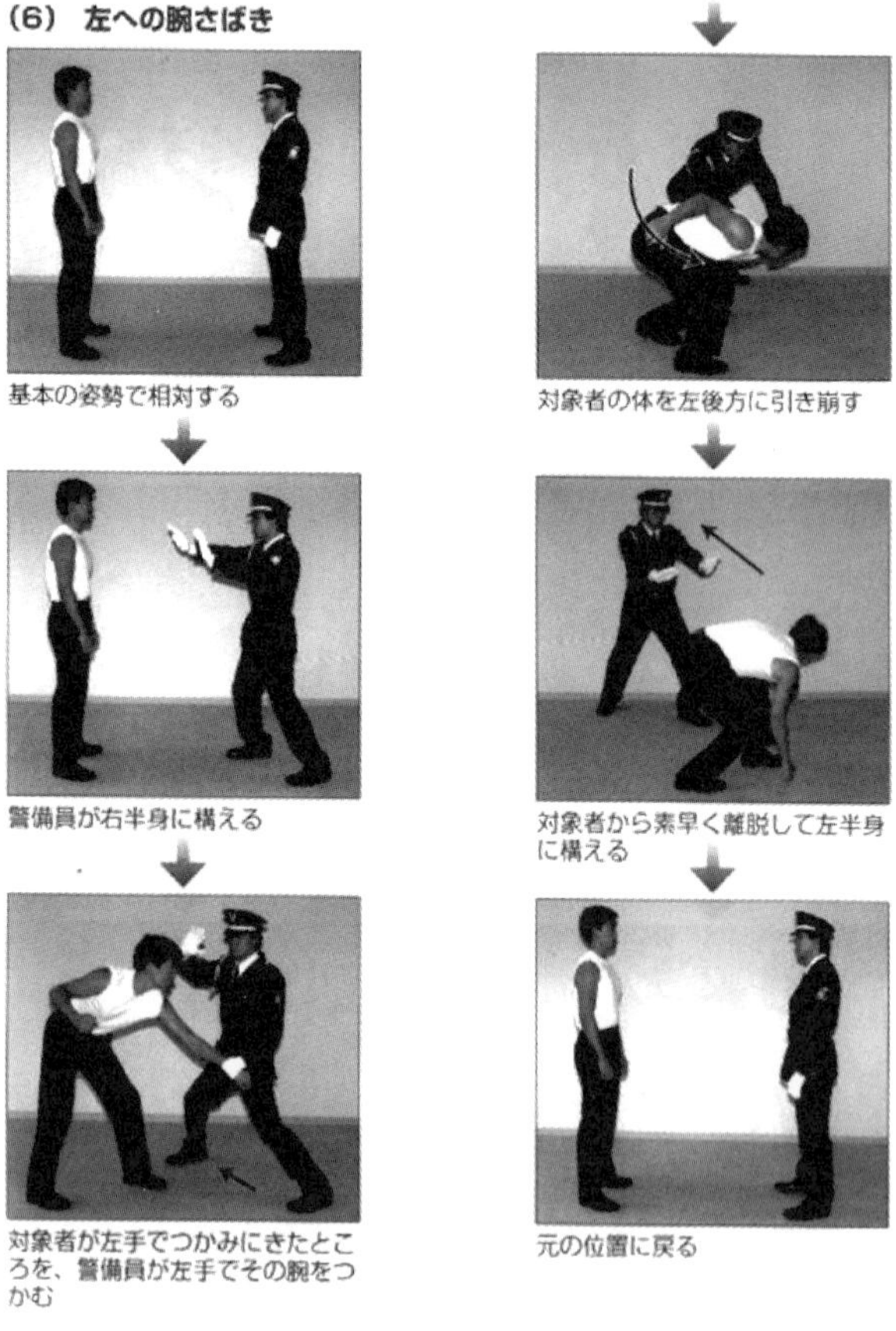

(6) 左への腕さばき
基本の姿勢で相対する
警備員が右半身に構える
対象者が左手でつかみにきたところを、警備員が左手でその腕をつかむ
対象者の体を左後方に引き崩す
対象者から素早く離脱して左半身に構える
元の位置に戻る

●図 154-2：警備員の護身術の一例

出典：全警協前掲教本 35 頁

このような技の共通性と相違性を明確にして、比較検証するためには、武道系の教員の知見が必要である。藪の研究のような歴史の知見を軸にしながら、武道系の教員と警備・警護系の教員が協力して研究を進めるのが望ましい。

それでは、筆者は役に立つ知見を提供できるのか。あくまで専門は犯罪社会学なので、この研究の最前線に立つのは難しいというのが本音である。こういう「口だけ出して自分はやらない」という他力本願な態度が、同僚に迷惑をかける元凶なのだが。

第155回　子どもは「主体」か「対象」か……「地域と教育」論

（二〇二二年二月五日　第二八九号掲載）

近年、子どもに「知らない人について行ったらダメ」と教えることは不適切だ、と言われるようになった。子どもが不審者に連れ去られないように、自衛意識を育むための指導なのだが、なぜ不適切なのか。その理由は、子どもと大人の認識の違いにある。

大人にとって「知らない人」は、素性がわからない人のことであり、公園や街中で顔を合わせた程度では「知らない人」と認識される。しかし、子どもは「前に会ったことがある」だけでも「知っている人」と認識する。

そのため、連れ去りを企図する不審者の中には、初対面でいきなり連れ去るのではなく、子どもと何回か対面し、「知っている人」と認識された段階で、「ついておいで」と子どもを誘うのである。

このような手口から逃れるために、セコムＩＳ研究所の舟生岳夫は、「どんな人でもついて行ってはダメ」と教えるのが正解だと述べている（ダ・ヴィンチニュース二〇一七年一〇月一七日配信）。分別がつかない幼齢の子どもには、そう教えるのが適切なのだ。

それでは、分別がつく年齢の子どもには、どのように対応すればよいのか。もちろん、子どもの個性や能力によって対応は異なるだろうが、子ども自身が危険を察知・回避できる能力を育むことが望ましい。そのためには、子どもの主体性を尊重する必要がある。

個別の対応は、学校や自治会などを単位として、活発に行われている。例えば、地域安全マップ作成の活動は、子どもが実際に通学路などを歩き、危険な箇所を発見することで、子どもの危機管理能力や自衛意識を高める効果が期待できる。

一方で、子どもを「主体」とする制度づくりとなると、実現するのは容易ではない。本連載では、これまでに何回も「子どもの安全」を考えてきたが、**図155**の「学校警備の協治モデル」のように、子どもは周囲の大人が協働して守る「対象」に位置づけられていた。

協治モデルは、便宜的に子どもを中心に置いているが、子どもが主体となってネットワークを形成するものではない。あくまで主体は大人であり、「大人たちのネットワークをどのように形成するか」を模索するためのモデルである。つまり、子どもが置き去りにされているのだ。

同様の議論は、警備・防犯の分野だけではなく、教育制度の分野にもみられる。その一例が、「地域に開かれた学校」をめざし、地域と学校の連携・協働を実現するための「コミュニティ・スクール制度」である。

教育学者の三谷高史によれば、子どもは学校当事者の中心（主体）であるにもかかわらず、コミュニティ・スクール制度でフォーマルな参加者として想定されてこなかったと述べている（神代健彦編『民主主義の育てかた』か

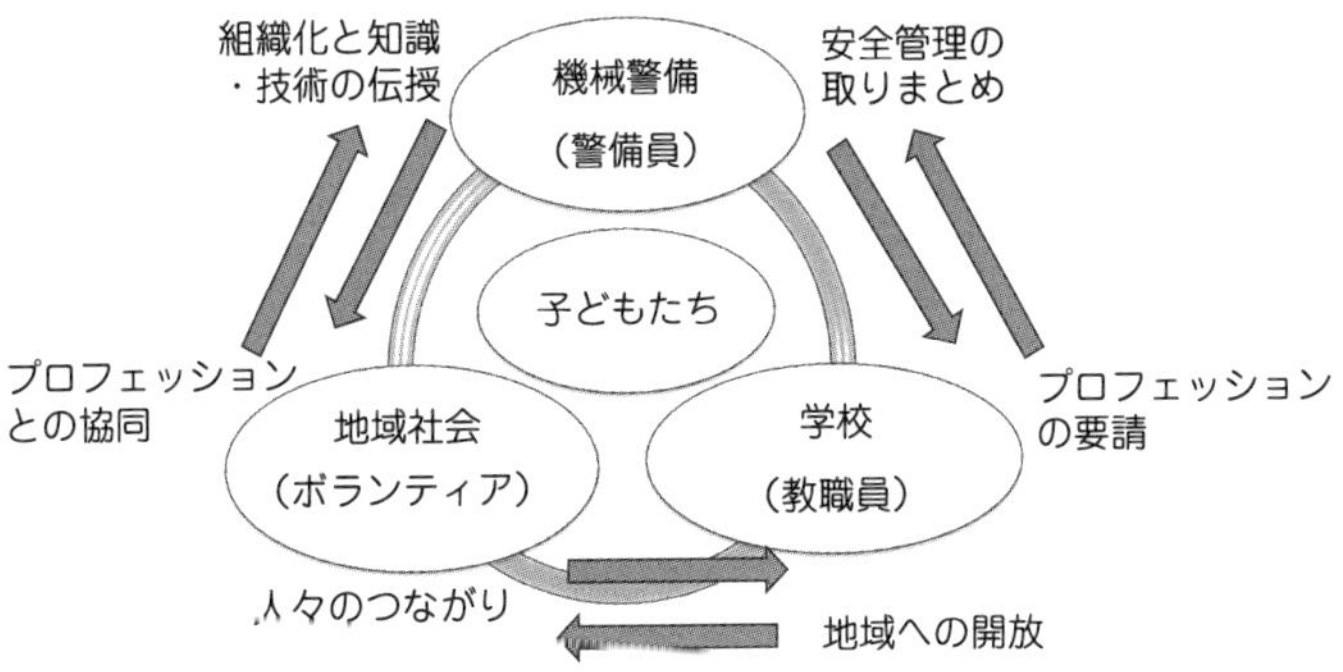

●図155：学校警備の協治モデル

出典：田中智仁『警備業の分析視角』明石書店、2012年、173頁

もがわ出版、二〇二一年)。

その上で三谷は、学校と地域社会の連携をナイーブに「良きもの」として捉えるのではなく、当事者間の衝突や葛藤を生み出す可能性があるもの、さらに子どもを取り残してしまう可能性すらあるものとして捉えることの重要性を指摘する(前掲書八九-九四頁)。

三谷の指摘を踏まえれば、大人が「良きもの」と考える対策が、子どもにとって適切であるとは限らないことを肝に銘じ、子どもの意見を尊重する姿勢が求められる。そして重要なのは、子どもの意見を「参考」にするのではなく、「提言」として受け止めることだ。

「参考」の場合、子どもの意見は「大人が判断するための材料」として扱われ、主体は大人になる。そうなると、大人同士の考え方の違いや、利害の対立が生まれ、結果的に子どもを置き去りにしたまま議論が展開される可能性がある。

一方で「提言」の場合、子どもの意見は「当事者の意見・要望」となり、子どもが主体となって議論に参画する。もちろん、子どもだけで制度を改革・運用することはできないので、大人も主体となる。こうして、大人と子どもが手を取り合い、地域の問題を考えるのである。

このような方策は、教育学の「地域と教育」論で活発に議論されてきたが、警備業界はどうだろうか。これまで警備業が提供してきた子どもの安全に関連するサービスでは、子どもは「警備対象」であって、「主体」に位置づけられてこなかったのではないか。

また、サービスの改善を検討する際に、「利用者の声」を参考にするとして、その利用者は「教師」や「保護者」ではなかったか。当然ながら、教師や保護者は「大人」であり、大人としての認識で「利用者の声」を寄せている。

子どもの安全に関連するサービスの課題を浮き彫りにし、改善を検討するのであれば、大人の意見だけに耳を傾けるのではなく、子どもを主体に位置づけて、「当事者の声」を改善に反映させる必要がある。

学校内の危険や、通学路の不安などは、実際に学校で活動し、通学していなければ見えないことが多々あるだろう。その中に、大人の盲点となっている危険や不安が存在する。そして、子どもが直視している危険や不安を解消することは、大人の安全にも資すると考えられる。

ぜひ、「子どもの、子どもによる、子どものための安全」の実現に、警備業も参画してもらいたい。

※舟生は防犯教育について、親子の会話で様々な状況を想定し、ゲーム感覚で解決策を考える方法を推奨しています（『子どもの防犯マニュアル』日経BP、二〇一七年、二五－三三頁）。そうすると、「子どものほうから、盲点をつくようなアイデアが出るかもしれません」（舟生前掲書二八頁）ので、親にとっても有意義な発見があるでしょう。

第156回　警備と社会教育の接点……海洋少年団

（二〇二二年二月一五日・二五日合併号　第二九〇号掲載）

前回は、「地域と教育」論で議論されてきた課題にヒントを得ながら、子どもが「警備対象」ではなく、「主体（中心）」となって安全を考えることが重要だと述べた。

これに対して、「教育分野であれば子どもを主体にできるが、警備分野では無理だ」や「子どもは社会的弱者であり、警備の主体にはなり得ない」といった反論もあるだろう。しかし、警備と社会教育の接点となる活動がある。

その代表例は、スカウト活動である。一般的に、男子の場合は「ボーイスカウト」、女子の場合は「ガールスカウト」として知られている。一九〇七年にベーデン－パウエルが主宰したキャンプに始まり、子どもの自主性や協調性を育む社会教育活動として、国際的に普及している。

スカウト活動の内容は多様だが、子どもが主体となって社会貢献に勤しみ、自らの危機管理能力を向上させる営みである。その標語は「備えよ常に」であり、警備に通底する要素が多く含まれている。

現在はボランティアとしてのスカウト活動と、ビジネスとしての警備業が共存しているが、日本ではスカウト活動が先行していた。そのため、日本における組織的な民間警備の礎はスカウト活動にあり、その上に警備業が乗っているとも言える（もちろん、礎には自警団などもある）。ただし、戦前のスカウト活動は、「少年団」ないし「女子補導団」として組織化されていた。これらはスカウト活動を日本に輸入しつつ、日本独自の運用を行ってきた活動として、特異性がある。その中で今回は、「海洋少年団」に注目したい。

教育学者の圓入智仁によれば、海洋少年団は活動の場を海上に特化した少年団体であり、一九二三年の関東大震災前後から、日本各地に結成され始めた。そして、第二次世界大戦末期の一九四五年に幕を下ろしている（『海洋少年団の組織と活動』九州大学出版会、二〇一一年）。

海洋少年団の原型はイギリスの「シースカウト」である。シースカウトの目的は、船員をはじめとする、どのような職業にも有用な人材を育てることだ。訓練の内容も本格的で、消防隊や救急隊のような公の役割を子どもに与えることが望ましいとされた。

そのため、団員は子どもでありながら、港湾内の監視や、浮標設備のない水路での船の誘導など、沿岸警備の危険な任務にも就いていたという（前掲書二八－二九頁）。活動は「班」単位で行われ、年長児が班長となり、年下の班員をまとめるのだ（前掲書八二、一〇三頁）。立派な警備活動である。

興味深いのは、「海洋」の少年団であるにもかかわらず、都市部や山間部などの海に面してない地域にも団が存在し、わざわざ海へ出向いて活動していたことだ。当然ながら、現在よりも移動にかかる負担は大きいが、それほど意義のある活動とされていたのである。

一方で、海洋少年団の運営は課題も多かった。特に農漁村では、資金と指導者の不足が深刻だったようだ。団員は制服と制帽を着用したが、当時の値段で六円七〇銭であった。それにロープやナイフなどの装備品も加わると、かなりの高額になる。

都市部の団員は中産階級の希望者から選抜していたが、農漁村の団員は地元の子どもたちの遊び仲間をそのまま班や隊として組織したので、資金がなく、子どもたちの自助努力で賄う必要があった。

また、大人になって農漁村から都市部へ出ると、多くの者は帰ってこなくなるので、農漁村では指導者不足が慢性化していた。そのため、指導者実修の参加者は、海洋少年団の経験がない素人の学校教員が多く、実修担当者も困惑していたという（前掲書一一〇－一一二頁）。

その後、海軍や文部省の介入、少数精鋭主義の学校海洋少年団の編成、戦争の激化に伴う学童疎開による解散など、海洋少年団をめぐる動きは多難であったが、詳細は圓入の著書に譲りたい。

本連載で海洋少年団を通じて読者へ伝えたいのは、①子どもが警備の主体になり得ること、②警備には資金が必要であること、③指導者不足に陥ると警備の知識や技術が次世代に継承できないこと、の三点である。

現在は警備業が「主体」となって、子どもを「対象」とした防犯教室や交通安全教室を開催しているが、これらは「社会貢献」の活動であり、社会教育法に基づく「公的な社会教育」ではない。いわゆる「私的な社会教育」と言われる事業の一環である。

しかし、同法で「市町村の教育委員会の事務」を定めた第五条第八号に「職業教育及び産業に関する科学技術指導のための集会の開催並びにその奨励に関すること」が挙げられている。

これに警備業が参画できれば、①子どもが主体となる活動に、②警備業が資金を提供し、③警備員が指導者となって知識や技術を伝えることができるようになるのではないか。

この構想は、社会教育の専門家から的外れだと言われるかもしれない。それでも、警備と社会教育の接点を模索

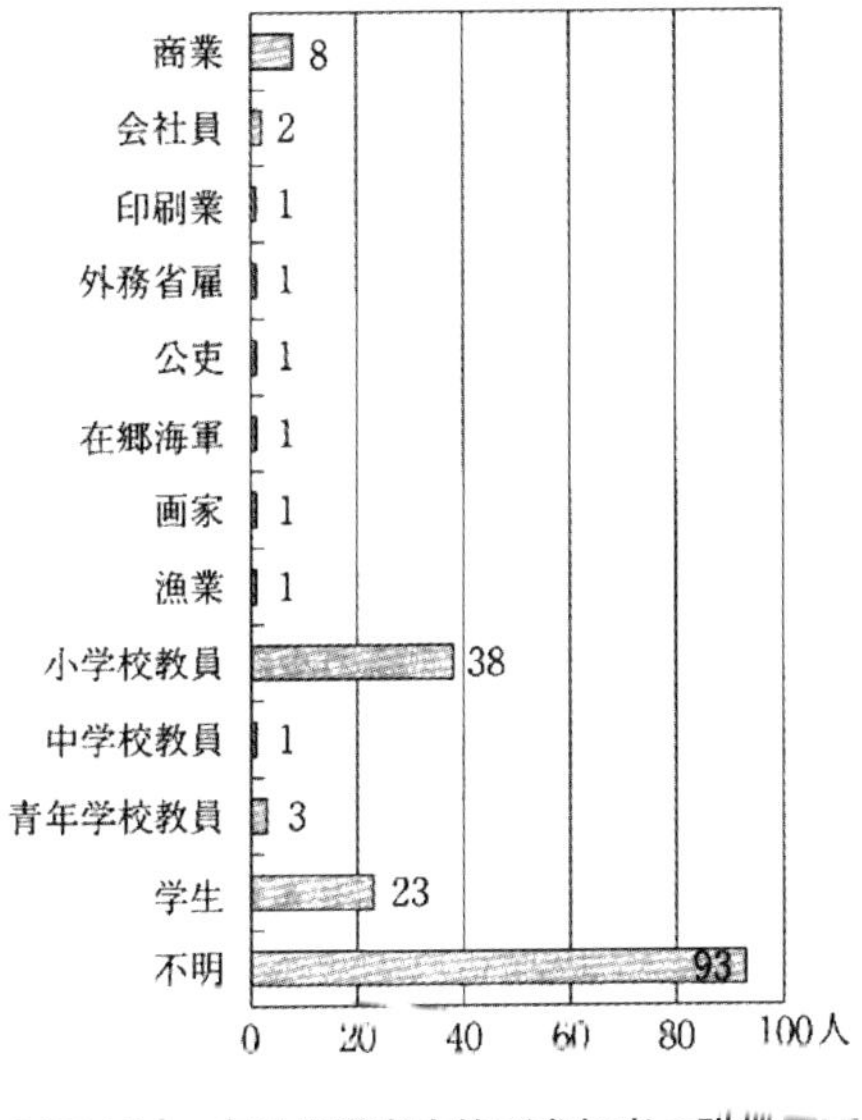

●図156：海洋指導者実修所参加者の職業内訳
出典：圓入前掲書118頁

することと自体は、無為ではないだろう。

子どもたちが警備業に対する理解を深め、警備員に憧れを抱くようになれば、業界の未来も明るくなるだろうと、期待せずにいられない。

第157回 性犯罪を見逃した警備員……千葉中央姦淫事件

（二〇二二年三月五日 第二九一一号掲載）


本連載第一五一回（本書収録）で「図書館の防犯」を考えたが、これについて複数の読者から意見があった。ただし、図書館に関する意見ではなく、事例として取り上げた性犯罪に関する意見である。

事件の内容は、図書館内にいた女子中学生が、約三〇分間にわたり男性から性器を押しつけられ、最後は両胸を鷲づかみにされたというものだ。男性は人が近づくと性器を隠し、過ぎ去った後に犯行を再開していた。被害者は恐怖のあまり声を出せず、その場から逃げられずにいた。

この事件を引き合いに、筆者は制服警備員による「見せる警備」だけではなく、私服の保安警備の要領で図書館の防犯性を高める提案をした。

しかし、読者から「制服警備員の姿を見て犯行を諦めるはず」、「私服警備員では被害者が助けを求められない」という意見が寄せられた。いずれも妥当な意見だが、筆者は「制服警備員がいれば大丈夫」という考えに一石を投じたい。

そこで紹介したいのは、二〇〇六年一二月に千葉中央駅付近のビルで発生した姦淫事件である。最高裁が被害者の供述の信用性を否定して無罪とした事案であり、「千葉中央姦淫事件」も便宜上の名称だが、警備員が性犯罪を見逃したことが注目に値する。

男性（被告人）は、一九時一〇分頃に駅周辺の路上を歩行していた一八歳の女性（被害者）を脅し、近くのビル（集合住宅）の外階段踊り場へ連れ込み、暴行を加えて反抗できない状態にしてから姦淫した。

姦淫に至ったのは一九時二五分頃だったが、その約五分前に同ビルの制服警備員が階段を巡回し、男性と被害者のすぐ近く（約一メートル半の距離）を、特に注意することなく通過した。警備員は事件性を認識せず、男女交際の逢瀬だと認識したと思われる。

その後、被害者は自身の勤務先に助けを求め、同僚らと一緒に同ビルの警備室を訪問し、事件発生の旨を訴えた。しかし、その場にいた複数の警備員と口論になり、警備員の通報により警察官が臨場した。

被害者は、恐怖で頭が真っ白になり逃げられなかったが、姦淫の直前に警備員と目が合い、涙を流していたため状況を理解してくれると思い、それ以上のことはしなかったと供述している。

この供述に対し、裁判官は次のような見解を示した。

まず、「この種の犯罪に関しては、通行人等も、よほどの異常を感じない限り、男女間の問題と考えて見ないふりをすることが多い」と述べ、警備員に限らず、第三者が介入しづらいことを前提とした。

続いて、「居住者と思われない男女が人目につきにくい屋上に出る階段の踊り場に入り込んでいたのであるから、警備員としては注意するのが適当であったとはいえようが、プライバシーに介入することとなることを恐れて放置することは十分あり得る」と述べた。

このように、裁判官は警備員の対応について、

●図 157：姦淫か、それとも逢瀬か

出典：「イラスト AC」フリー素材を使用して筆者作成

姦淫を見逃したことの過失性は問わなかったのだ。「注意するのが適当」という見解も、不法侵入の対応が疎かになったことに対する指摘であり、性犯罪の対応ではない。

もっとも、正確には姦淫が始まる直前の巡回なので、姦淫の現場を目撃していたとは言えないため、当然の見解である。被害者の心情は察するに余りあるが、司法判断としては適切であり、これで警備員の過失が問われたら業務が苦難続きになる。

紙幅の関係で事件の説明は以上とするが、詳細は城祐一郎著『性犯罪捜査全書』（立花書房、二〇二一年、一〇七－一一八頁）に記載されているので、興味があればご一読いただきたい。

あくまで今回の本題は、①制服警備員が至近距離にいても犯罪を未然に防止できないケースがあること、②被害者が明確に助けを求められないケースがあること、を読者の皆様と共有し、今後の対策につなげることである。

特に②は「フリーズ」と言われる心理状態で、性犯罪被害に多い。今回の事件では「恐怖で頭が真っ白になり逃げられなかった」がフリーズであり、被害者は涙を流しながら警備員と目を合わせるのが精一杯だった。

厄介なのは、被害者が警備員に状況を理解してもらえたと期待したことである。警備員としては、痴情のもつれで涙を流している可能性や、偶然に目が合っただけの可能性を否定できないので、積極的に介入するわけにはいかない。

また、立哨中に経過を観察できる場所での出来事ならば事件性を疑うこともできるが、巡回中に見かけた出来事であれば、経過を観察することができないので、事件性の有無を判断するのは容易ではない。

もちろん、巡回中であっても、殴る蹴るなどの可視的な暴行や、性行為に及んでいる状況が確認できれば、制止することは可能である。さらに、出入管理を徹底している現場であれば、不法侵入に気づくことも可能であろう。

しかし、不特定多数の者が立ち入ることができる現場で、可視的な暴行や性行為が実行されていない状況であったら、やはり被害者の期待に応えることは難しいのではないか。

とはいえ、警備員に未然防止が期待されていること、被害者が助けを求めていたことも事実である。この事実に向き合い、不可能を可能にする方法はないかを、読者の皆様と一緒に考えていきたい。

第158回　列車内の防犯カメラ設置義務を考える……性依存症

（二〇二二年三月一五日・二五日合併号　第二九二号掲載）

前回は、「千葉中央姦淫事件」に注目しながら、暴行や性犯罪に警備員がどのように対応すべきかを考えた。具体的な対策については今後の課題としたが、おそらく真っ先に思い浮かぶのは「防犯カメラの設置」であろう。

防犯カメラがどこまで「防犯」に資するのかについては、依然として犯罪学的な議論が続いている。一方で、「プライバシーを侵害する」という否定的な論調は、以前よりも少なくなった。映像が証拠となり、捜査の進捗や冤罪の防止に役立っているからだ。

二〇二二年現在、街頭や建物だけではなく、鉄道列車内の防犯カメラ設置が進んでいる。二〇二一年一二月には、国交省が新造の列車に防犯カメラ設置を義務づける方針を発表した。また、JR東日本は二〇二一年一二月に駅員や警備員にウェアラブルカメラを常時装着させる方針を発表した（共同通信二〇二一年一二月二二日一六時四九分配信）。

これらの対策は、列車内における放火殺傷事件が相次いで発生したことが直接的な背景だが、駅員や乗務員への暴行被害を防止する対策としても効果が期待されている（余談だが、列車内の事件続発を本連載で扱おうと情報を整理していたが、時機を失した）。

列車内の防犯カメラ設置は、痴漢の被害および冤罪を防止する目的で、約一五年前から議論されてきた。二〇〇七年には、西武鉄道の株主総会で株主から提案された。しかし、コスト増を理由に否決されている（『朝日新聞』二〇〇七年六月二七日東京版朝刊）。

コストの問題は今後も地方ローカル線を中心に残るだろうが、列車内の犯罪やトラブルを低減させる方法としては、最も現実的である。とはいえ、防犯カメラを設置しても、すべての犯罪を防止できるとは考えづらい。

例えば、乗務員や他の乗客を巻き添えにする「拡大自殺」の場合、自殺者が最期の姿（生きた痕跡）を映像に残すために、あえて列車内を決行場所に選ぶ可能性がある。つまり、防犯カメラ設置により、逆に自殺者を引き寄せてしまうおそれもあるのだ。

そして、さらに厄介なのは、性依存症の対策である。精神科医の榎本稔は、性依存症を「強迫的な性衝動行動を繰り返す心の病気」と定義している（榎本稔編『性依存症の治療』金剛出版、二〇一四年、三三頁）。

図158は性依存症の内訳である。二〇一〇年度の榎本クリニック受診者のデータなので、一般化できるとは限らないが、「痴漢」が四一％となっている。なお、「下着窃視」も四一％となってい

るが、グラフ幅から考えて四％の誤植だと思われる。

また、紙幅の都合で図は割愛するが、福岡県警察鉄道警察隊が二〇一八年に実施した「痴漢犯罪に関するアンケート」では、痴漢被害の場所は「電車内」が六八・三％で最も多く、「駅構内」も一三・八％であった。

それ以外の調査でも、鉄道列車が最も痴漢被害が多いことは共通している。被害が発生しやすい時間帯は朝夕の「通勤・通学時間」となっているので、おそらく一般的なイメージと整合しているだろう。

それでは、痴漢の加害者の心理はどうか。パターンは複数あるが、例えば「被害者は痴漢をされて喜んでいる」といっ

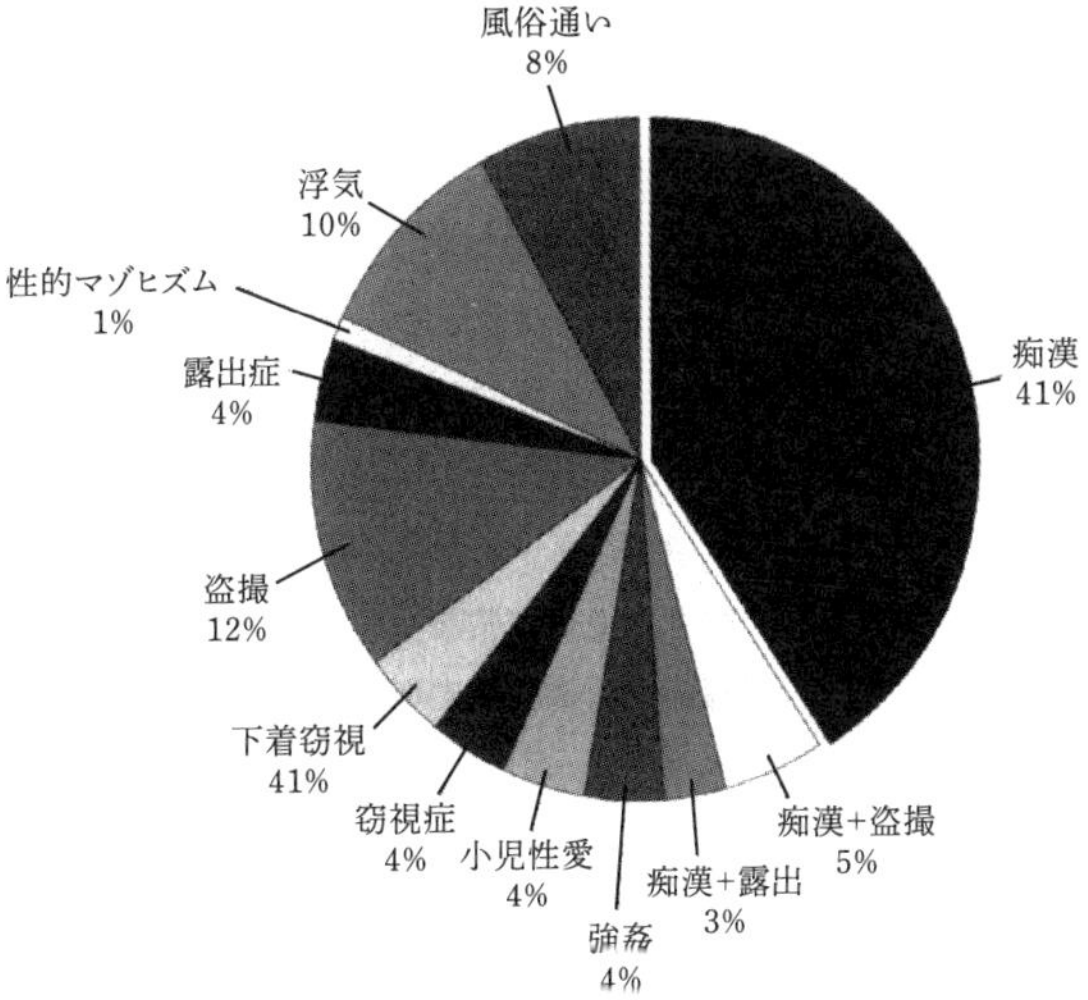

●図 158：性依存症の内訳
出典：榎本前掲書 35 頁

た「認知の歪み」がある。また、本人は止めたいと思っているのに身体が勝手に痴漢行為をしてしまう「コントロール喪失」という状態もある。

精神保健福祉士の斉藤章佳によれば、これらの痴漢の加害者は、刑罰を科して「反省」させたり、多額の示談金を支払っても改善せず、認知行動療法や薬物療法などの治療が必要になるという（『男が痴漢になる理由』イースト・プレス、二〇一七年）。

ここで重要なのは、過剰な監視が逆効果となる常習者たちがいることだ。斉藤は、列車の防犯カメラ設置が痴漢行為を抑止する効果があるかを、再犯防止プログラムの受講者に尋ねた。

その結果、「難易度が上がったことで、さらに燃える痴漢もいるでしょうね」という回答を得ている。難易度の高い状況で痴漢を完遂した場合、強い達成感が得られるので、その感覚を求めて次々と新たな被害者が出てくる可能性があるのだ。

この感覚自体は特異なものではなく、ゲームに熟達していく感覚と同じである。初めは難易度の低いプレイで満足できるが、熟達していくと満足できなくなり、難易度の高いプレイを求めるようになっていく心理だ。

そのため斉藤は、列車内の防犯カメラ設置によって痴漢被害の低減も期待できるが、常習者を過度に刺激することについても、「対策を講じるうえで踏まえておかなければならない事実です」と警鐘を鳴らしている（斉藤前掲書一一二頁）。

ただし、警備員が痴漢常習者の事情聴取（「取調べ類似行為」になってしまう）や治療（医師免許が必要になる）に関与する可能性は極めて低いので、今回の話題は「なぜ何回も痴漢を繰り返すのか」という疑問を解消するための参考程度で充分である。警備員としては、あまり多くの背景や要因を考えずに、監視や巡回を実施すればよい。

一方で、駅や列車内において、警備員が犯罪者や急病人の対応に関与することがある。また、話題を「痴漢」から「万引き」に置き換えて、「なぜ何回も万引きを繰り返すのか」という疑問にすると、小売店舗の施設警備や保安警備に従事している警備員にとって、身近な話題となる。

というわけで、次回以降に鉄道公安職員の記録から駅や列車内の対応を考え、その次に万引き依存症（窃盗症）の対応を考えていきたい。

※「なぜ何回も万引きを繰り返すのか」については、連載の第161回以降で予定通りに執筆しましたが、単行本の掲載は第5巻になります。

第159回　鉄道を警備した男たち……鉄道公安職員

（二〇二二年四月五日・一五日合併号　第二九三号掲載）

一九八七年四月一日に日本国有鉄道（以下、「国鉄」）は分割民営化された。これに伴い、沖縄を除く各都道府県警察に、鉄道警察隊が組織された。現在も、鉄道警察隊が駅や列車内の犯罪に対応している。

一方で、国鉄民営化によって廃止された制度がある。鉄道公安職員制度である。

国鉄では、駅や列車内の警備および犯罪捜査を、鉄道公安職員が担っていた。また、急病人などの保護や混雑時の乗客整理、荷物事故（紛失や荷崩れなど）の防止および調査といった職務に幅広く従事していた。

ライターの濱田研吾によれば、全国に約三千人の鉄道公安職員がいた。国鉄全体の職員数は約四五万人だったので、一％に満たない少数精鋭である（『鉄道公安官と呼ばれた男たち』交通新聞社新書、二〇一一年、二一頁）。

図159の通り、運輸省（当時）の管轄下に置かれた国鉄職員であったが、制服・制帽に身を包み、

手錠や拳銃も装備し、司法警察権を与えられていた。通称「鉄道公安官」とも呼ばれた公務員なので、民間の警備員とは立場が異なるが、共通点も多く、鉄道警備の課題を考える上で示唆に富む。

まず、制服と私服の使い分けに注目したい。駅や列車内を制服姿で巡回するときは、現在の「見せる警備」と同じ発想で、犯罪の未然防止に努めた。一方で、痴漢やスリを現行犯逮捕するときは、気づかれずに犯行を現認できるように、私服姿で乗客に紛れて対応していた。すなわち、制服警備員による施設警備と、私服警備員による保安警備に相当する犯罪対策を実施していたのだ。また、鉄道公安職員は警察官ではないので、犯罪者を現行犯逮捕しても駅に留置場がなく、すぐに身柄を警察へ引き渡す必要があった（前掲書三五頁）。この対応も、現在の保安警備と共通している。

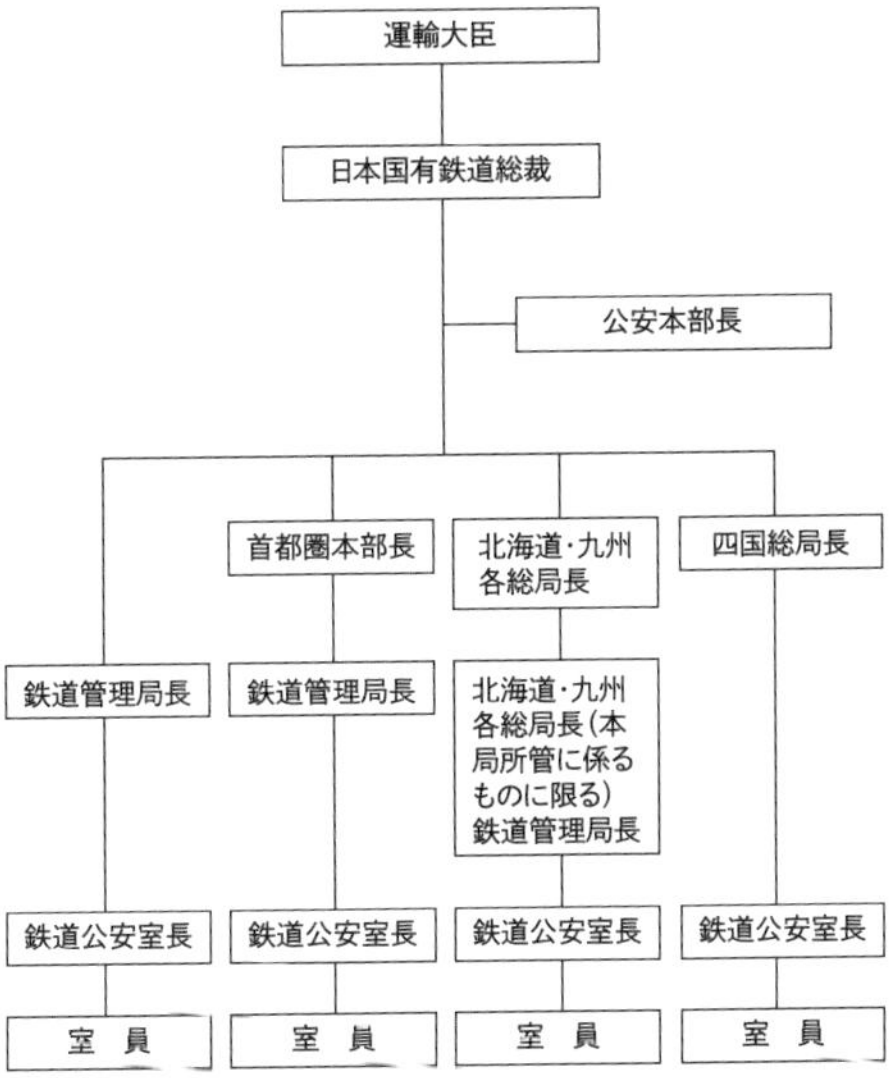

●図159：鉄道公安職員の組織（警備）
出典：濱田前掲書31頁

さらに、当時の国鉄は現金輸送も実施しており、鉄道公安職員が対応していた。しかし、地味な任務のため国鉄内部でもあまり知られておらず、他の国鉄関係者から「銀行の金を運ぶための下請けまでしているんですか」と驚かれたという（前掲書一七頁）。

この反応も、現在の貴重品運搬警備と共通するだろう。現金輸送を警備業が担っていることは広く知られるようになったが、ＡＴＭの管理や現金の仕分けまで警備業が請負っていることまでは、あまり知られていない。

これらの共通点があるために、筆者は当時の鉄道公安職員と、現在の警備員の姿を重ね合わせてしまうのである。一方で、大きな相違点となるのは、鉄道公安職員に女性がいなかったことである。つまり、女性警備員ならば可能な対応が、鉄道公安職員には困難だったのだ。

その代表例が、女性用トイレの張り込みである。私服で張り込むと変質者に間違われるが、女装にも限界があるため、鉄道公安職員は苦労したという。特に、新潟駅のトイレに出没した女性置引き犯を検挙した際の逸話が興味深い（前掲書一一三－一一四頁）。

トイレで化粧をしている女性客から金品を奪う手口であったが、これを鉄道公安職員がどのように現認したか、久々にクイズ形式で紹介しよう。次の三つの中から、一つだけ選んでもらいたい。

①妻に協力を求め、おとりになってもらった
②天井に穴をあけ、天井裏に身を隠してトイレ内の様子を監視した
③トイレの入口で、女性客の手荷物をすべて開披検査した

正解は後ほど発表するが、トイレや更衣室などの監視・巡回は課題が多い。最近では、東京メトロ八丁堀駅の多目的トイレの安全装置が作動せず、急病の男性利用者が死亡したことに気づかなかった事例もある（時事通信二〇二二年三月二日一八時二三分配信）。

八丁堀駅の事例は警備員の責任ではないと思われるが、同駅の警備員が異常に気づいて連絡したことで、事態が発覚したことから、警備業が同様の事態に対応することは今後もあるだろう。急病などの対応については、次回あらためて検討したい。

防犯の観点で大きな課題となるのは、制服警備員の「見せる警備」の有効性である。濱田は「制服を着た鉄道公安職員よりも、私服専従捜査員の検挙のほうが、十分な犯罪防止となった」と述べている（前掲書九〇頁）。

既述の通り、鉄道公安職員は司法警察権を与えられていた。にもかかわらず、制服姿の「見せる警備」の効果が低いとなれば、特別な権限をもたない警備員が制服姿で巡回しても、効果は限られるのではないか。

もちろん、鉄道警察隊が犯人を検挙し、その効果で鉄道の治安が良くなれば御の字である。しかし、警備業も積極的に防犯に寄与するのであれば、ここでも保安警備の要領が求められることになるだろう。

それでは、先程のクイズの正解を発表しよう。正解は、「②天井に穴をあけ、天井裏に身を隠してトイレ内の様子を監視した」である。まるで忍者かスパイのような張り込みだが、もし女性客に気づかれ、大声を出されたら、それこそ「変質者」と言われても反論できない状態である。

新潟駅の女性置引き犯の検挙には四日間を要したが、その間、鉄道公安職員は息を殺しながら天井裏で微動だにせず、監視に集中していた。おそらく、極度の緊張を強いられていたのではないか。この捨て身の努力が、国鉄時代の鉄道の安全を支えていたのである。

第160回　警備員による急病人対応……一次救命措置

（二〇二二年五月五日・一五日合併号　第二九五号掲載）

前回は、国鉄時代の鉄道公安職員と、現在の警備員の共通点を挙げながら、主に防犯の観点で「鉄道の警備」を考えた。その続きとして、今回は警備員による急病人対応を考えよう。

はじめに、**図160**を見てほしい。これは国交省鉄道局が二〇〇九年八月に公表した「鉄道輸送トラブルによる影響に関する調査」の結果に記載されている、輸送トラブルの発生状況である。支障時間別にトラブルの原因がまとめられている。

支障時間が三〇分以上になる場合は「自殺」の割合が最も大きい。一方で、一〇分未満の場合は僅差ながら「急病人」の割合が大きい。言いかえれば、急病人が発生した場合の対応は迅速であり、支障時間が短いことがわかる。

評論家の三戸祐子は、日本の鉄道が車両や設備などのハードウェアだけではなく、それを動かすための膨大な知恵をソフトウェアとして備えており、高度に体系化されていると述べている（『定刻発車』交通新聞社、二〇〇一年＝新潮文庫版、二〇〇五年）。

それだけに、鉄道業界では急病人発生時の対応マニュアルも整備されているが、列車内や駅構内の警備を担当する警備員にも、マニュアルに即した対応が求められる。そこで問われるのは、警備員が適正に一次救命措置を行うことができるか否かである。

一次救命措置とは、「心肺停止傷病者に対し、緊急病態の認知、救急医療システム（一一九番）への通報をおこなうとともに、気道確保、人工呼吸および心臓マッサージにより自発的な血液循環を回復させる試みを指し、医療従事者に限らず誰でも行える心肺蘇生法をいう」と定義されている（日本救急医学会公式ホームページ「医学用語解説集」二〇二二年三月二

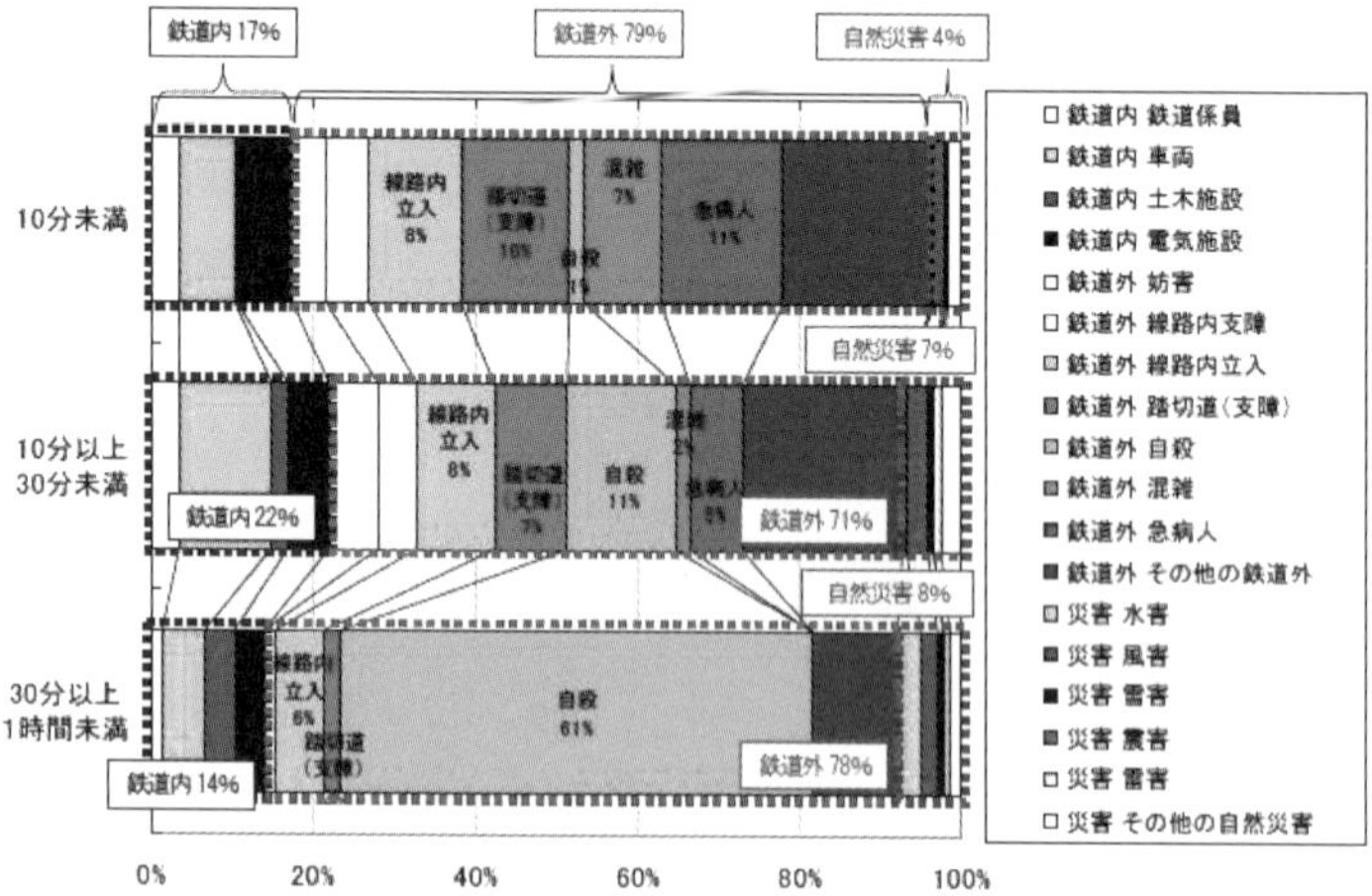

●図 160：原因別、支障時間別の輸送トラブルの発生件数（三大都市圏計、2007 年）

出典：国交省前掲調査結果概要版 2 頁

日閲覧）。

警備業務の教本には救急蘇生法の概説が掲載されており、ＡＥＤの講習も警備業界で広く行われている。鉄道の警備に限らず、警備員による初期対応として、一次救命措置は必須になっていると言える。

一方で、一刻を争う場面に遭遇した警備員が、懸命に救命しようとするあまり、医療行為（法的には「医行為」）に該当する対応をすることがないよう徹底することも重要である。

警備員の事例ではないが、二〇二一年八月に豊橋市消防本部の救急救命士が、心肺停止患者の救命活動中に、現場に居合わせて応急手当をしていた市民に静脈路確保を指示し、懲戒処分を受けた（東海テレビ二〇二二年三月四日一七時四四分配信）。

この事例では、偶然にも応急手当をした市民が看護師だったので、「自分でやるより確実だと思った」として処置を依頼したという。しかし、救急救命士は自分が処置したと虚偽報告しており、患者の救護に成功したものの、不適正な業務執行とみなされた。

航空機内などで急病人が出た場合に、「お客様の中にお医者様はいらっしゃいますか」と呼びかけることもあるが、医療行為の申出や依頼には慎重を要する。もちろん、慎重になりすぎて、結果的に人命を軽視するような対応にならないよう気をつけるべきだが、警備員としての適正な業務の範囲を明確にしなければ、対応を躊躇することになるだろう。

それでは、列車内において、どのような対応があり得るのか。ここでは、「出産」を例に挙げよう。前回紹介した濱田研吾の『鉄道公安官と呼ばれた男たち』（交通新聞社新書、二〇一一年、一五九－一六一頁）には、出産のエピソードも複数記載されている。

一つ目は、警乗中の鉄道公安職員が、車内トイレの中からうめき声を聞き、確認したところ、妊婦が「生まれる」と苦しんでいたので、緊急通報して最寄り駅で降ろし、病院に運んだという事例である。これは通報と護送なので、医療行為ではない。

しかし、二つ目は駅のトイレで出産直後の母子を鉄道公安職員が発見した事例である。この事例では、公安班長が新生児のへその緒を独断で切っている。そして、新生児の反応がないため、公安班長は両足を掴んで逆さにし、お尻を叩いた。その結果、新生児は無事に産声を上げたが、臍帯切断は医療行為なので、不適切な対応である。

三つ目は、車内トイレに新生児が産み落とされていると連絡があり、鉄道公安職員三名で便器に挟まっている新生児を救出した事例である。発見した際に母親の姿はなかったが、その後、乗車記録から母親を特定した。「車内で産気づき、トイレで産み落としたものの、処置に困って逃げた」とのことであった。

もちろん、駅構内や列車内での出産は頻発するわけではない。しかし、近年も二〇一八年一月にJR常磐線、二〇一九年一〇月に湘南新宿ラインの車内で出産した事例がある。つまり、「頻発しないが、前例は多い」のである。

このような、頻発しない事例こそ、日頃の訓練では想定から外されやすいため、いざ遭遇した際に冷静かつ適正に対応するのが難しいのではないか。想定が増えすぎると、警備員の負担が大きくなり、かえって混乱を招くおそれもあるが、心構えは必要である。

病院の施設警備であれば、医師や看護師などの医療従事者が身近に常駐しているので、警備員は所定の警備業務に専念できる。しかし、鉄道は公共性の高さゆえに、様々な状態の人が利用している。

また、特に列車内は密室性が高く、頼るべき人が他にいない空間である。大型商業施設のように多くの店員がいるわけでもない。基本的には、車掌と警備員が少ない人数で各種の異常に対応しなければならない。

すなわち、鉄道の警備には、防犯と救命のいずれにも、冷静かつ適正に対応できる警備員が求められるのだ。そう考えると、一般的な施設警備よりも、業務の難易度は高いのではないか。警備員が何に、どこまで対応すればよいのか、警備業界全体での議論が望まれる。

■著者紹介

田中 智仁（たなか ともひと）

1982年、東京都出身。仙台大学体育学部准教授。博士（社会学）。専門社会調査士。認定心理士。防犯装備士。専門は犯罪社会学、警備保障論。2009年、白山社会学会賞受賞。2010年、特定非営利活動法人日本防犯装備協会特別功労賞受賞。著書『警備業の社会学』で2010年に日本社会病理学会出版奨励賞と日本犯罪社会学会奨励賞を受賞。

【主な著作】

『警備業の社会学 ―「安全神話崩壊」の不安とリスクに対するコントロール』（明石書店、2009年）
『警備業の分析視角 ―「安全・安心な社会」と社会学』（明石書店、2012年）
『リアリティと応答の社会学 ― 犯罪・逸脱とケア』（共著 風間書房、2013年）
『気ままに警備保障論』（現代図書、2015年）
『気ままに警備保障論2』（現代図書、2018年）
『気ままに警備保障論3』（現代図書、2021年）
『警備ビジネスで読み解く日本』（光文社新書、2018年）
『社会病理学の足跡と再構成』（共編著 学文社、2019年）
『犯罪・非行の社会学 ― 常識をとらえなおす視座（補訂版）』（共著 有斐閣、2020年）

気ままに警備保障論4

2023年4月6日　初版第1刷発行

著　者　田中 智仁
発行者　池田 廣子
発行所　株式会社現代図書
〒252-0333　神奈川県相模原市南区東大沼2-21-4
TEL　042-765-6462（代）　FAX　042-765-6465
振替　00200-4-5262
http://www.gendaitosho.co.jp/
発売元　株式会社星雲社（共同出版社・流通責任出版社）
〒112-0005　東京都文京区水道1-3-30
TEL　03-3868-3275　FAX　03-3868-6588
印刷・製本　株式会社丸井工文社

ISBN978-4-434-31882-5　C0036
Printed in Japan